AF821261

Reichsgerichts-Entscheidungen
in kurzen Auszügen

Zivilsachen — Band 158

1939

J. Schweitzer Verlag, Berlin und München

Kürzlich erschien:

Das neue Vermögens- und Haushaltsrecht der deutschen Gemeinden

Ein systematisches Handbuch für die Praxis der Gemeinden und ihrer Aufsichtsbehörden unter besonderer Berücksichtigung der Landesrechte in Preußen, Bayern, Württemberg und Baden.

Von Dr. jur. **Hermann Stenger,**
rechtsk. 1. Bürgermeister a. D. im Deutschen Gemeindetag, Landesdienststelle Bayern.

Zweite, völlig neubearbeitete Auflage von „Das bayer. Gemeindevermögensrecht".

Oktav XI, 409 Seiten. 1939.
Geb. RM. 13.—

Das Buch will, wie schon in der ersten Auflage, ein systematischer Wegweiser durch die weitverzweigten Vorschriften für die Bürgermeister, ihre Beamten und Aufsichtsbehörden sein. Auf dem Gebiete des Gemeindevermögensrechtes gilt heute ein einheitliches und nationalsozialistisch neues Recht. Für die größeren Länder des Altreiches wurde auf das noch geltende Landesrecht jeweils besonders hingewiesen. Das Recht ist nach dem Stande vom 1. Juli 1939 wiedergegeben.

J. Schweitzer Verlag, Berlin und München

Reichsgerichts-Entscheidungen

in kurzen Auszügen

Zivilsachen Band 158

1 9 3 9

J. Schweitzer Verlag, Berlin und München

Printed in Germany

Druck von Dr. F. P. Datterer & Cie., Freising-München.

Von dieser Sammlung erschienen folgende Bändchen:

I. Zivilsachen:	Bd. 76—100	. . .	je RM.	0.80
	„ 101—140	. . .	je RM.	1.—
	„ 141—155	. . .	je RM.	2.—
Serien:	„ 76—155	mit 3 Reg.	zus. RM.	76.—
	„ 81—155	83—119	zus. RM.	71.—
	„ 91—155	120—130 131—140	zus. RM.	61.—
	„ 101—155		zus. RM.	53.—
	„ 111—155		zus. RM.	43.—
	„ 121—155	mit 4 Reg.	zus. RM.	33.—
	„ 131—155		zus. RM.	28.—
Gesamtregister zu	Bd. 83—119	. . . . .	RM.	6.—
Gesamtregister zu	Bd. 120—130	. . . . .	RM.	1.80
Gesamtregister zu	Bd. 131—140	. . . . .	RM.	1.50
Gesamtregister zu	Bd. 141—150	. . . . .	RM.	1.50
II. Strafsachen:	Bd. 45—55	. . .	je RM.	0.80
	„ 56—64	. . .	je RM.	1.—
	„ 65—71	. . .	je RM.	2.—
Serie:	Bd. 45—71 mit Gef.-Reg. zu Bd. 45—60		zus. RM.	27.—
Gesamtregister zu	Band 45—60	. . . . .	RM.	3.70

Jedes Bändchen entspricht einem Bande der amtlichen Sammlung.

1. Patent. Nichtigkeitsstreit. Rechtsmittel. Anschlußberufung. (PatG. 1936 § 42; VO. vom 30. September 1936 §§ 1—4, 7; ZPO. §§ 519ff.) In einem Patentstreit wies das Patentamt die Nichtigkeitsklage ab, nahm aber an dem Patentanspruch verschiedene Änderungen vor mit der Begründung, daß der Fachmann den Anspruch unter Berücksichtigung des Inhalts der Patentschrift und des Standes der Technik zur Zeit der Patenterteilung schon in diesem Sinne verstanden habe. Der Patentinhaber legte hiergegen Berufung ein; der Nichtigkeitskläger schloß sich ihr nach Ablauf der Berufungsfrist an. Das Reichsgericht erklärte sowohl die Berufung wie die Anschlußberufung für zulässig. Für die Bejahung der Zulässigkeit der Berufung genügte es, daß der Beklagte behauptete, die Entscheidung des Patentamts schränke den Gegenstand des Patents gegenüber der bisherigen Fassung ein. Eine Anschlußberufung in Patentsachen hat das Reichsgericht bisher nicht zugelassen; dieser Standpunkt wurde aber aufgegeben. Das Verfahren in Patentsachen ist nicht so eingehend geregelt, daß nicht Lücken übrig geblieben wären, die durch entsprechende Anwendung der Vorschriften der Zivilprozeßordnung zu schließen sind, soweit nicht die Eigenart des Verfahrens entgegensteht. Die Anschlußberufung kommt in Betracht, wenn im ersten Rechtszug keine Partei völlig obgesiegt und die eine Partei sich zunächst dazu entschlossen hat, es beim Urteil bewenden zu lassen, mit Rücksicht darauf aber, daß der Gegner Berufung eingelegt hat, nun doch den Streit wieder aufgreift. Sie ermöglicht es, daß das Gericht des zweiten Rechtszugs noch Tatumstände, die erst neu eingeführt oder bewiesen werden, berücksichtigen kann und nicht vor der Rechtskraft des zunächst nicht angefochtenen Teils des Urteils Halt machen muß. Mit ihr ist ein Mittel geschaffen, das geeignet ist, der Wahrheit zum Siege zu verhelfen. Das muß auch für das Patentverfahren gelten. Das neue Patentrecht wird von dem Grundsatz beherrscht, daß einerseits dem Erfinder die ihm nach seinem Verdienst zukommende Belohnung in Gestalt eines Schutzrechts gesichert, anderseits aber die Allgemeinheit vor unberechtigten sperrenden Patenten geschützt werden soll. (I, 20. Febr. 1938.) Amtl. Sammlg. S. 1—6.
Vgl. Bd. 157 S. 159.

2. Haftpflichtversicherung. Aufrechnung. Zurückbehaltung. (BGB. §§ 273, 387, 404, 406; VersVertrG. §§ 149, 154, 156.) S. wurde durch einen Zusammenstoß seines Kraftwagens mit dem L. erheblich verletzt. Er erwirkte gegen L. mehrere Urteile, auf Grund deren er rund 15000 RM. zu fordern hatte. L. war vermögenslos, aber gegen Haftpflichtgefahren versichert. S. ließ die Ansprüche des L. gegen die Versicherungsgesellschaft pfänden und sich zur Einziehung überweisen. Die Gesellschaft verweigerte die Zahlung, indem sie mit Darlehensforderungen, die sie gegen L. hatte, aufrechnete. In zwei Rechtszügen wurde die Klage abgewiesen. Das Reichsgericht gab ihr statt. Nach den Versicherungsbedingungen umfaßte der Versicherungsschutz die Befriedigung begründeter und die Abwehr unbegründeter Entschädigungsforderungen, die gegen L. auf Grund gesetzlicher Haftpflicht erhoben wurden. L. stand also kein Zahlungsanspruch, sondern nur ein Schuldbefreiungsanspruch zu. Ein Zahlungsanspruch konnte für ihn nur entstehen, wenn er einen Anspruch des Geschädigten befriedigte; nach den Versicherungsbedingungen durfte er das aber nicht ohne Zustimmung der Versicherungsgesellschaft tun. Daß die Versicherungsgesellschaft nach diesen Bedingungen berechtigt war, an L. zu zahlen, änderte nichts daran, daß dieser eine solche Zahlung nicht fordern konnte. Auch eine bedingte Geldforderung des L. gegen die Versicherungsgesellschaft war nicht gegeben. Durch die Pfändung und Überweisung des Anspruchs des L. war also dem Kläger kein Anspruch auf Zahlung erwachsen; er hatte damit nur an Stelle des L. den Anspruch erworben, Befriedigung des Verletzten zu verlangen. Da er aber selbst der Verletzte war, verwandelte sich zwingend der Befreiungsanspruch in einen Zahlungsanspruch an ihn. Diese Umsetzung war ein Rechtsvorgang besonderer Art; nur weil S. der verletzte Haftpflichtberechtigte war, konnte sie sich vollziehen. Zu keiner Zeit stand also dem Anspruch der Versicherungsgesellschaft gegen L. ein Anspruch des L. gegen sie auf Zahlung an ihn gegenüber; eine Aufrechnung war daher wegen Mangels der Gleichartigkeit der Leistungen nicht möglich. Die beklagte Versicherungsgesellschaft konnte auch kein Zurückbehaltungsrecht an der von ihr geschuldeten Leistung ausüben; sie hatte nicht aus demselben rechtlichen Verhältnis, auf dem ihre Verpflichtung beruhte, einen fälligen Anspruch gegen L. gehabt. Wenn auch hierfür nicht verlangt wird, daß Forderung und Gegenforderung aus einem einheitlichen Rechtsgeschäft entsprungen sind, es vielmehr genügt, daß beide aus Rechtsgeschäften hervorgegangen sind, die in einem solchen natürlichen Zusammenhang stehen, daß es gegen Treu und Glauben verstoßen würde, den einen Anspruch ohne Rücksicht auf den anderen geltend zu machen, so fehlte es doch hier gerade an einem solchen

Zusammenhang. Die Gegenforderungen, welche die beklagte Versicherungsgesellschaft geltend machte, waren aus versicherungsfremden Geschäften hervorgegangen. Wollte man den Befreiungsanspruch ausschließlich, nicht nur in erster Reihe, als Sicherung des eigenen Vermögens des Versicherungsnehmers gegen Verluste ansehen und nicht auch als seinen wirtschaftlichen Zweck die Sicherung des verletzten Dritten anerkennen, so würde eine solche Auffassung mit dem aus § 157 VersVertrG. zu entnehmenden Grundgedanken und insbesondere mit dem heutigen Rechtsempfinden in Widerspruch stehen. (VII, 27. Mai 1938.)
Amtl. Sammlg. S. 6—16.
Vgl. Bd. 37 S. 5; Bd. 68 S. 33; Bd. 70 S. 257; Bd. 72 S. 103; Bd. 73 S. 140; Bd. 78 S. 268; Bd. 81 S. 250; Bd. 134 S. 146; JW. 1910 S. 147, 332.

3. **Prozeßgebühr. Postscheckverkehr.** (ZPO. § 519; RJ.-KassO. § 37). Die Prozeßgebühr, deren Erlegung bis 30. April nachgewiesen werden sollte, wurde am 29. April auf Zahlkarte bei der Post eingezahlt, dem Konto der Gerichtskasse aber erst am 2. Mai gutgeschrieben; der Nachweis der Einzahlung war aber dem Gericht noch am 30. April vorgelegt worden. Das genügte zur Wahrung der Frist. Grundsätzlich hat eine Zahlung auf Zahlkarte allerdings erst als vollzogen zu gelten, wenn der Empfänger die ausschließliche Verfügung über das Geld erlangt hat und die dem Absender zustehende Zurücknahmebefugnis erloschen ist. In § 37 Nr. 5 der Reichsjustizkassenordnung ist aber bestimmt, daß als Einzahlungstag bei Überweisung an eine Justizkasse durch Zahlkarte oder Postanweisung der sich aus dem Stempelaufdruck der Aufgabepostanstalt ergebende Tag gilt; es geht nicht an, daß die Gerichte einen anderen Tag als Zahlungstag ansehen. Daß bis zur Gutschrift die Zahlkarte zurückgenommen werden kann, muß außer Betracht bleiben, wenn die Zurücknahme nicht erfolgt. (VII, 28. Juni 1938.)
Amtl. Sammlg. S. 16—17.
Vgl. Bd. 82 S. 95; Bd. 102 S. 316; Bd. 122 S. 47; Bd. 145 S. 251; Bd. 153 S. 58.

4. **Berufsbeamtentum. Übergangsleistungen. Angleichungsmaßnahmen.** (ZPO. § 549; BerBeamtG. §§ 4, 9, 10, 11; 4. DurchfVO. zu § 11; BeamtRÄndG. §§ 43, 80; 3. PrDurchf.-VO. § 1; PrG. vom 30. März 1931.) Ein Beamter der Stadt Berlin wurde im August 1933 aus seinem Amt entlassen. Seine Bezüge waren nach einem Grundgehalt von 16000 RM. errechnet worden. Die ihm für die Dauer von 3 Monaten nach der

Entlassung zustehenden Bezüge wurden für den Monat September noch nach diesem Grundgehalt, für die beiden folgenden Monate aber nach einem gekürzten Grundgehalt errechnet. Sein an den Staatskommissar für Berlin gerichteter Antrag auf Nachzahlung des Unterschieds wurde abgewiesen. Seine Klage auf Nachzahlung hatte keinen Erfolg. Die Vorschrift, daß Beamten, die auf Grund des Berufsbeamtengesetzes aus dem Dienst entlassen werden, die bisherigen Bezüge auf die Dauer von drei Monaten zu belassen sind, hat nicht die Bedeutung, daß die Entlassung erst drei Monate nach dem Zeitpunkt, zu dem sie ausgesprochen wurde, wirksam wird. Grundsätzlich endet das Amt des entlassenen Beamten mit der Entlassung in jeder Beziehung; damit hören auch die aus dem Amte fließenden Rechte auf. Die Vorschrift hat nur vermögensrechtliche Bedeutung. Mit einer Gehaltsleistung hat sie nur einen äußeren Zusammenhang insofern, als die Übergangsbezüge in der Form des bisherigen Gehalts gewährt werden. Dem Kläger waren also auf die Dauer von drei Monaten die Bezüge verblieben, auf die er im Zeitpunkt der Entlassung Anspruch hatte; aus dem Gesetz ergab sich nichts dafür, daß diese Bezüge den Herabsetzungen zu folgen hatten, die während dieser Zeit die Gehälter der im Amte verbliebenen Beamten erfuhren. Nach § 43 BeamtRÄndG. gelten aber die Angleichungsvorschriften dieses Gesetzes auch für die Herabsetzung von Übergangsleistungen, die einem Beamten mit Rücksicht auf sein früheres Dienstverhältnis gewährt werden. Daß schon in § 10 BerBeamtG. eine solche Angleichung vorgenommen worden ist, schließt eine solche nach dem Beamt.-RÄndG. nicht aus. Der Kläger hatte die Rechtsgültigkeit der gegen ihn erlassenen Angleichungsmaßnahmen deshalb bestritten, weil sie nicht von dem Magistrat der Stadt, sondern von dem Staatskommissar erlassen worden waren. Durch § 80 Beamt.-RÄndG. sind aber die für das Besoldungswesen allgemein zuständigen obersten Landesbehörden ermächtigt worden, ergänzende Rechtsverordnungen zu erlassen. Dementsprechend ist im § 1 der 3. preußischen Durchführungsverordnung zum Beamtenrechtsänderungsgesetz angeordnet, daß Kap. II Teil 4 der 1. Sparverordnung vom 12. September 1931 zur Anwendung komme. Dort ist ausdrücklich vorgesehen, daß über die Regelung der Dienstbezüge das Verwaltungsorgan der Gemeinde zu beschließen habe und daß auch Änderungen der Bezüge durch Beschluß des Verwaltungsorgans erfolgen könnten. Wer dieses Verwaltungsorgan ist, muß auf der Grundlage der einschlägigen preußischen Vorschriften ermittelt werden. Für Berlin ist hierfür das Gesetz vom 30. März 1931 maßgebend. Dieses hat für Berlin eine Sonderregelung getroffen, deren örtlicher Geltungsbereich auf Berlin beschränkt ist; die Auslegung des Gesetzes durch das Berufungsgericht, wonach für Berlin der Oberbürgermeister und an seiner Stelle der Staatskommissar zuständig war, konnte also durch das Reichsgericht nicht nachgeprüft werden. Die Sache liegt hier nicht anders, als wenn ein Reichsgesetz für ein Land, mit örtlicher Beschränkung auf dieses Land, erlassen wird. Die verwaltungsrechtlichen Maßnahmen im Sinne des § 40 Beamt.-RÄndG. finden zudem ihre Grundlage allein in den Bestimmungen des Gesetzes selbst, nicht in Rechtsverordnungen oder Verwaltungsvorschriften der Länder. Von diesem Standpunkt aus stellte die Änderung der Besoldungsordnung der beklagten Stadt eine rechtswirksame innere Verwaltungsanweisung dar, um eine einheitliche Durchführung der Angleichung herbeizuführen. Eine bestimmte Form ist für solche Verwaltungsanweisungen nicht vorgeschrieben. (III, 1. Juli 1938.)

Amtl. Sammlg. S. 18—27.

Vgl. Bd. 149 S. 51; Bd. 152 S. 86; Bd. 153 S. 244; Bd. 155 S. 246; JW. 1936 S. 3183; 1938 S. 599, 1530.

5. Gemeindebeamter. Vorbereitungsdienst. Ruhegehaltsanspruch. Feststellungsklage. Planstelle. (ZPO. § 256; Pr. KommBeamtG. §§ 2, 8, 9, 10, 12; PrPensG. §§ 1, 2). Eine Frau, die seit 1915 bei einer preußischen Stadt beschäftigt gewesen war, wurde am 25. Mai 1923 unter Aushändigung einer Anstellungsurkunde zur nichtplanmäßigen Stadtsekretärin ernannt und als Gemeindebeamtin im Vorbereitungsdienst angestellt; die Urkunde enthielt den Vermerk, daß mit der Anstellung ein Anspruch auf Ruhegehalt nicht verbunden sei. Da sie die vorgeschriebene Prüfung nicht bestand, wurde ihr als Stadtsekretärin zum 30. September 1927 gekündigt mit der Maßgabe, daß sie als Stadtassistentin weiter beschäftigt werde. Wegen eingetretener dauernder Dienstunfähigkeit wurde ihr zum 30. Juni 1935 neuerdings gekündigt; es wurde ihr ein Ruhegehalt in jederzeit widerruflicher Weise bewilligt. Sie klagte auf Feststellung, daß sie einen Rechtsanspruch auf das gesetzliche Ruhegehalt habe. In zwei Rechtszügen wurde die Klage abgewiesen. Das Reichsgericht gab ihr statt. Die Feststellungsklage war zulässig, da jeder Beamte ein im Rechtsweg verfolgbares Interesse an der Feststellung des rechtlichen Charakters seiner Dienstbezüge hat. § 8 PrKommBeamtG. stellt den Grundsatz der lebenslänglichen Anstellung der städtischen Beamten auf. Der Anstellung kann eine Beschäftigung auf Probe vorhergehen, die in der Regel die Dauer von zwei Jahren nicht übersteigen darf. Durch ein Ortsgesetz der beklagten Stadt war bestimmt worden, daß die zur Ausbildung angenommenen Anwärter und die Diätare (alle nichtplanmäßige Beamte) als Beamte zur Vorbereitung angestellt werden. Das verstieß gegen den § 8 insoweit, als die nichtplanmäßigen Beamten hienach auch dann als noch im Vorbereitungsdienst stehend behandelt wurden, wenn ihre Beschäftigung mit einer Vorbereitung für ein Amt nichts mehr zu tun hatte. Hieraus konnte also ein Nachweis dafür, daß die Klägerin nur vorübergehend angestellt war, nicht entnommen werden. Auch andere Anhaltspunkte hierfür lagen nicht vor. Ob die Klägerin Kündigungsbeamtin war, konnte offen bleiben, da diese Frage für ihren Ruhegehaltsanspruch ohne Belang war. Auch den Kündigungsbeamten kann der Ruhegehaltsanspruch nicht allein dadurch entzogen werden, daß sie der Bezeichnung nach nichtplanmäßige Stellen bekommen; sonst wäre der Zweck des Gesetzes, für alle Gemeindebeamten eine sichere und eindeutige Rechtsgrundlage zu schaffen, wieder vereitelt und seine Erfüllung in die Willkür der Gemeinde gestellt. Planstellen sind grundsätzlich die im Haushaltsplan vorgesehenen Stellen, die dauernd erforderlich sind; es kann nicht dem Belieben der Gemeinden anheimgestellt werden, Stellen in ihren Haushaltsplan einzusetzen, ihnen aber trotz des dauernden Bedürfnisses den Charakter von Planstellen durch die einfache Umbenennung in nichtplanmäßige Stellen zu nehmen. Entscheidend war also, ob die Stelle der Klägerin nach dem städtischen Stellenplan dauernd erforderlich war; dann gewährte sie nach § 2 PrPensG. einen Anspruch auf Ruhegehalt, auch wenn sie kündbar war. (III, 1. Juli 1938.)

Amtl. Sammlg. S. 27—33.

Vgl. Bd. 11 S. 115; Bd. 37 S. 241; Bd. 88 S. 386; Bd. 121 S. 352; Bd. 122 S. 113; Bd. 136 S. 332; Bd. 146 S. 159.

6. Luftverkehr. Unfall. Adäquater Zusammenhang. Haftungsausgleich. Zwischenurteil. Schadenersatz. (BGB. §§ 833, 840, 905, 1004; PrALR. Einl. § 75; LuftVerkG. §§ 19, 27; ZPO. § 304.) In der Nähe einer Silberfuchsfarm führte eine von der deutschen Lufthansa regelmäßig durchflogene Flugstrecke vorbei. Der Eigentümer der Farm behauptete, daß durch niedrig fliegende Fahrzeuge die Muttertiere erschreckt worden seien und zum Teil verworfen, zum Teil ihre Jungen totgebissen hätten.

Er berechnete seinen Gesamtschaden auf 71300 RM.; mit der Klage verlangte er einen Teilbetrag von 6100 RM. Das Berufungsgericht erkannte durch ein Zwischenurteil die Klageforderung dem Grunde nach als berechtigt an. Das Reichsgericht verwies die Sache zurück. Das Urteil mußte schon deshalb aufgehoben werden, weil die Voraussetzungen für den Erlaß eines Zwischenurteils nicht vorlagen. Der Kläger hatte seinen Schaden in der Weise begründet, daß er für jedes verlorene Jungtier 300 RM., für die Minderung des Wertes der Zuchttiere infolge des Verwerfens einen Betrag von 14000 RM. und endlich einen Kapitalzuchtverlust von 30000 RM. in Ansatz brachte. Hierbei handelte es sich nicht nur um Rechnungsposten, sondern um Teilansprüche. Ein Zwischenurteil über den Grund des Anspruchs darf aber erst ergehen, wenn ausreichende Anhaltspunkte dafür vorliegen, daß hinsichtlich jedes Teilanspruchs ein erstattungsfähiger Schaden entstanden ist. Die Vorschriften der §§ 905, 1004 BGB. in Verbindung mit einer entsprechenden Anwendung des in § 75 EinlALR. zum Ausdruck gebrachten allgemeinen Rechtsgedankens mußten als Grundlage des Klaganspruchs ausscheiden, weil die durch das Luftverkehrgesetz getroffene Regelung hierfür Ersatz bietet; dies um so mehr, als sich in neuerer Zeit eine grundlegende Änderung in der Auffassung von dem Wesen des Grundeigentums vollzogen hat. Wenn in § 28 LuftVerkG. gesagt ist, daß die reichsgesetzlichen Vorschriften, wonach für den beim Betrieb eines Luftfahrzeugs entstehenden Schaden der Halter oder Benutzer in weiterem Umfang haftet, unberührt bleiben, so bezieht sich diese Bestimmung vor allem auf die Haftung aus unerlaubten Handlungen. Nach dem Luftverkehrgesetz ist der Schaden zu ersetzen, der dadurch entsteht, daß beim Betriebe eines Luftfahrzeugs durch Unfall eine Sache beschädigt wird. Als Unfall ist die plötzliche Einwirkung eines äußeren Tatbestandes auf einen Menschen oder eine Sache anzusehen, die eine Schädigung zur Folge hat. Der unmittelbare Schaden war im vorliegenden Falle die Schreckwirkung; diese war plötzlich eingetreten, wenn das auch für das Verwerfen und Auffressen der Jungtiere nicht zutraf. Auch die dauernde Entwertung der Muttertiere war auf die einmalige Schreckwirkung zurückzuführen. Über die Frage des Ursachenzusammenhangs zwischen dem Luftfahrzeugbetrieb der beklagten Gesellschaft und den festgestellten Unfällen hatte das Berufungsgericht nach freiem Ermessen zu entscheiden und zwar unabhängig von einer Beweislast der einen oder anderen

Partei. Das Berufungsgericht hatte den Begriff des adäquaten Zusammenhangs verkannt. Ein solcher besteht dann, wenn eine Handlung oder Unterlassung im allgemeinen und nicht nur unter ganz besonders eigenartigen, ganz unwahrscheinlichen und nach dem regelmäßigen Lauf der Dinge außer Betracht zu lassenden Umständen zur Herbeiführung des eingetretenen Erfolgs geeignet gewesen ist. Bei psychischen Einwirkungen wird ein solcher Zusammenhang verneint, wenn der Schaden infolge einer ungewöhnlichen Veranlagung des von dem Unfall Betroffenen trotz der Ungefährlichkeit des Vorgangs bei objektiver Betrachtung eingetreten ist. Nach der Entwicklung, die das Flugwesen angenommen hat, muß der Anblick und das Geräusch eines in großer Höhe ruhig dahinfliegenden Flugzeugs bei objektiver Betrachtung sowohl für den normalen Menschen als für normale Tiere als ungefährlich angesehen werden. Wenn Silberfüchse ungewöhnlich empfindlich sind, kommt ein Ursachenzusammenhang zwischen dem Betrieb der Luftlinie und dem eingetretenen Schaden für die Rechtsanwendung nicht in Betracht; eine adäquate Verursachung könnte nur dann angenommen werden, wenn die bei ihnen hervorgerufene Schreckwirkung darauf zurückzuführen wäre, daß ein Flugzeug in geringer Höhe oder mit übermäßigem Geräusch auf die Sinne der Tiere in einer Weise eingewirkt hätte, die auch bei nicht besonders empfindlichen Tieren eine schädliche psychische Einwirkung hervorzurufen geeignet ist. Soweit Schadenersatz für die von den Muttertieren getöteten Welpen verlangt wurde, kam auch die Haftung des Klägers als des Tierhalters in Betracht; von Bedeutung war in dieser Hinsicht, ob die Tötung der Jungtiere auf einem willkürlichen, der tierischen Natur entsprechenden selbständigen Verhalten der Muttertiere beruhte, wie das § 833 BGB. voraussetzt. Die Vorschrift des § 840 Abs. 3 BGB. ist durch § 27 LuftVerkG. überholt. (I, 4. Juli 1938.)

Amtl. Sammlg. S. 34—40.

Vgl. Bd. 100 S. 69; Bd. 117 S. 168; Bd. 133 S. 126; Bd. 135 S. 149; Bd. 141 S. 169; Bd. 145 S. 107; Bd. 151 S. 279; Bd. 154 S. 161; Bd. 155 S. 38; Bd. 156 S. 305; JW. 1908 S. 41; 1932 S. 778; 1933 S. 2949; 1934 S. 2974.

7. **Westfälisches Güterrecht. Erbengemeinschaft. Gesamthandsverhältnis. Genehmigung. Buchmäßiger Eigentümer. Freistellungsanspruch. Ungerechtfertigte Bereicherung. Anspruchspfändung. Rechtskraft.** (BGB. §§ 185, 816, 989, 990, 992, 993, 1004, 2039; PrG. vom 16. April 1860 betr. das Güter-

recht in der Provinz Westfalen; ZPO. §§ 139, 556). Der Vater der Parteien war dreimal verheiratet gewesen. Die erste Ehe war kinderlos geblieben; aus der zweiten waren vier Kinder, aus der dritten drei Kinder hervorgegangen. Nach dem Tode der dritten Frau setzte der Witwer die Gütergemeinschaft nach westfälischem Recht mit den drei Kindern der dritten Ehe fort. Durch notariellen Vertrag übergab er ein zu dieser Gütergemeinschaft gehöriges Haus auf einen Sohn aus der zweiten Ehe. Dieser wurde als Eigentümer eingetragen; für den Vater und die Töchter zweiter Ehe wurden Rechte eingetragen; der Erwerber belastete das Grundstück auch mit Hypotheken. Nach dem Tode des Vaters klagte ein Sohn der dritten Ehe unter Berufung auf den Übergabevertrag auf den Schichtteil am Erbe seiner Mutter und den Pflichtteil am Nachlaß des Vaters. In diesem Rechtsstreit wurde der Übergabevertrag für nichtig erklärt. Das Urteil erlangte die Rechtskraft. Nun verlangte der Kläger als Miterbe seiner Mutter die Verurteilung des Beklagten zur Einwilligung in die Berichtigung des Grundbuchs durch Eintragung der Erben der Eltern als Eigentümer und zur Freistellung des Grundstücks von den eingetragenen Belastungen. Das Landgericht gab der Klage statt. Das Berufungsgericht wies den Freistellungsantrag ab. Die Revision des Klägers hatte keinen Erfolg. Das Recht zur Erhebung der Klage entnahm der Kläger aus der Vorschrift, daß jeder Miterbe auf Leistung an die Erbengemeinschaft klagen kann. Ob diese Vorschrift hier unmittelbar zutraf, konnte dahingestellt bleiben; sie ist vom Reichsgericht in ständiger Rechtsprechung auch auf andere Gesamthandsverhältnisse angewendet worden, wenn ein zur Verwaltung und Verfügung berufenes Haupt der Gemeinschaft fehlt. Der Beklagte hatte den mütterlichen Erbteil des Klägers pfänden und sich überweisen lassen. Das hinderte den Kläger nicht an der Verfolgung seiner Ansprüche. Ein gepfändetes Recht bleibt auch nach seiner Überweisung zur Einziehung im Vermögen des Vollstreckungsschuldners; dieser wird in der Verfügung darüber nur soweit beschränkt, als dadurch die Rechtsstellung des Vollstreckungsgläubigers beeinträchtigt würde. Die Besonderheit, daß der Beklagte zugleich Vollstreckungsgläubiger und Schuldner des Klaganspruchs war, rechtfertigte keine abweichende Beurteilung; seinen Rechten als Vollstreckungsgläubiger war die Klage nicht abträglich, sie wurden durch diese vielmehr der Verwirklichung näher gebracht. Erhoben war der Freistellungsanspruch als Anspruch aus Eigentumsverletzung. Das Eigentum der Erbengemeinschaft am streitigen Grundstück hatte das Berufungsgericht durch Anerkennung des Berichtigungsanspruchs bereits bejaht; mit diesem Anspruch war nicht nur ein aus dem Eigentum abgeleitetes Recht, sondern das Eigentum selbst zum Gegenstand der Klage gemacht, folglich im Urteil auch über das Eigentum selbst entschieden worden. Da der Beklagte sich der Revision nicht angeschlossen hatte, war dieser Teil des Urteils rechtskräftig geworden. Diese Rechtskraft schloß im Verhältnis der Parteien untereinander eine widersprechende Entscheidung über das Eigentum aus. Das Reichsgericht bemerkte dazu, daß auch eine neuerliche Prüfung der Eigentumsfrage zu keinem anderen Ergebnis führen würde. Die Nichtigkeit des Übergabevertrags war daraus gefolgert worden, daß der Beklagte im Sinne des preußischen Gesetzes über das eheliche Güterrecht in Westfalen nicht zu den unabgefundenen Kindern gehörte, unter denen ausschließlich der überlebende Ehegatte durch Übergabeverträge oder letztwillige Verfügungen die Nachfolge in das gemeinschaftliche Vermögen zu regeln für sich allein berechtigt war. Diese Auffassung entspricht ständiger Rechtsprechung; das Reichsgericht ließ es bei dem Ausspruch bewenden, daß die Nachprüfung keine durchgreifenden rechtlichen Bedenken gegen sie ergeben habe. Die Nichtigkeit des Übergabevertrags erstreckte sich auch auf die Auflassung. Der Beklagte hatte vor dem Reichsgericht vorgebracht, daß die übrigen Abkömmlinge durch Annahme der im Übergabevertrag für sie ausgesetzten Leistungen die Übereignung genehmigt hätten. Eine darnach allenfalls in Betracht kommende Genehmigung durch schlüssige Handlung hätte aber vorausgesetzt, daß die Abkömmlinge wußten oder doch mit der Möglichkeit rechneten, daß zur Wirksamkeit der Übereignung ihre Genehmigung notwendig sei. Das war nicht nachgewiesen. Überdies konnte die Behauptung des Beklagten schon deshalb nicht berücksichtigt werden, weil er sie in den Tatsacheninstanzen nicht vorgebracht hatte. Die Vorschrift des § 1004 BGB. hatte das Berufungsgericht als Klagegrund ausgeschaltet, weil im Verhältnis der Parteien zu einander die §§ 989, 990 BGB. als Sonderbestimmungen vorgehen müßten. Dieser Auffassung trat das Reichsgericht bei. Zwar hatte der Beklagte die Grundstückbelastungen nicht als Besitzer, sondern als buchmäßiger Eigentümer eintragen lassen; die Belastungen beeinträchtigten auch nicht die Substanz des Grundstücks, sondern nur das Recht des Eigentümers, darüber zu verfügen. Doch

ist die Stellung, in der sich der Bucheigentümer gegenüber dem wirklichen Eigentümer befindet, der des Besitzers gegenüber dem Eigentümer so wesensverwandt, daß die dafür geltenden Vorschriften entsprechend angewandt werden müssen. Der Freistellungsanspruch setzte hiernach voraus, daß der Beklagte bei der Belastung des Grundstücks schuldhaft gehandelt hatte. Daß er schon vor der Belastung den Mangel seines Rechts gekannt habe, hatte der Kläger selbst nicht behauptet. Es war ihm auch nicht zuzumuten gewesen, eine Ungültigkeit des Übergabevertrags zu erkennen, da die Auslegung der maßgebenden Vorschrift zweifelhaft war; das Landgericht hatte mit ausführlicher Begründung den Vertrag für gültig erklärt. In der Revision war weiter ausgeführt, daß der Kläger jedenfalls einen Anspruch aus ungerechtfertigter Bereicherung des Beklagten habe und daß das Berufungsgericht verpflichtet gewesen wäre, dem Kläger eine entsprechende, wenn auch nur hilfsweise Änderung der Klagebitte nahe zu legen. Das Reichsgericht erklärte, daß es nicht die Aufgabe des Gerichts sei, die Stellung eines neuen Antrags zwecks Einführung eines neuen Anspruchs in den Prozeß anzuregen, und daß im Streitfall eine solche Anregung auch nicht angebracht gewesen wäre. Allerdings war der Beklagte verpflichtet, das durch Belastung des Grundstücks Erlangte nach den Grundsätzen über die ungerechtfertigte Bereicherung herauszugeben. Der Kläger hatte aber aus den vom Beklagten vorgenommenen Belastungen einen Sonderanspruch, unabhängig von der Bereicherung des Beklagten, hergeleitet und damit den inneren Zusammenhang zwischen dem wirtschaftlichen Ergebnis dieser Belastungen für den Beklagten und den von diesem aus dem Grundstück gezogenen Nutzungen, zu deren Herausgabe er verpflichtet gewesen wäre, zerrissen. Die Erklärung dafür lag in einer Verkennung der Rechtslage, deren Folgen er auf sich nehmen mußte. Möglich blieb, daß der Kläger die Bereicherung, die dem Beklagten aus den Belastungen des Grundstücks zugeflossen war, durch Erweiterung des noch beim Landgericht anhängigen Herausgabeanspruchs geltend machte.
(V, 21. Juli 1938.) Amtl. Sammlg. S. 40—49.
Vgl. Bd. 106 S. 115; Bd. 118 S. 335; Bd. 121 S. 335; Bd. 130 S. 229; Bd. 133 S. 283; Bd. 136 S. 162; JW. 1905 S. 146; 1928 S. 1387; 1935 S. 3541; 1936 S. 3047; 1938 S. 1666.

8. Irrtum. Sache. Weitere Beschwerde. (BGB. §§ 119, 1954; RG. zur Änderung von Vorschriften des Gerichtsverfassungsgesetzes vom 28. Juni 1935 Art. 2; GVG. § 136.) Die

Annahme einer Erbschaft wurde wegen Irrtum angefochten, weil sich nachträglich ergab, daß gegen den Erblosser Ansprüche eines unehelichen Kindes geltend gemacht wurden. Der Amtsvormund beantragte, zwecks Erwirkung der Vollstreckungsklausel einen Erbschein zu erteilen. Das Amtsgericht lehnte den Antrag ab mit der Begründung, daß die Erbschaftsannahme rechtswirksam wegen Irrtum über die Überschuldung des Nachlasses angefochten worden sei. Die Beschwerde wurde zurückgewiesen, ebenso die weitere Beschwerde. Das Oberlandesgericht hatte die Angelegenheit dem Reichsgericht vorgelegt, weil es sich an der Zurückweisung der weiteren Beschwerde dadurch gehindert glaubte, daß nach der Rechtsprechung des Reichsgerichts als Sachen im Sinne des § 119 BGB. nur körperliche Sachen anzusehen seien, ein Nachlaß aber nicht unter diesen Begriff falle. Das Reichsgericht hat aber in einem Urteil vom 22. November 1935 ausgesprochen, daß § 119 BGB. sich auch auf Geschäfte über andere Dinge als über körperliche Gegenstände erstreckt, und die Vorschrift für den Fall des Irrtums über verkehrswesentliche Eigenschaften einer Grundschuld für anwendbar erklärt. Damit ist die gegenteilige frühere Rechtsprechung aufzugeben. Die Entscheidung ist, da sie nach dem 1. September 1935 ergangen ist, für alle anderen Senate des Reichsgerichts bindend. Zur Vorlegung der weiteren Beschwerde an das Reichsgericht bestand daher kein Anlaß. (IV, 27. Juni 1938.) Amtl. Sammlg. S. 50—53. Vgl. Bd. 73 S. 136; Bd. 103 S. 21; Bd. 112 S. 332; Bd. 149 S. 235.

9. Wiederholte Berufung. (ZPO. § 519; RG. vom 27. Oktober 1933 über Änderung des Verfahrens in bürgerlichen Rechtsstreitigkeiten.) Eine Berufung wurde mangels ordnungsmäßiger Begründung durch Beschluß verworfen. Da die Berufungsfrist noch nicht abgelaufen war, wurde neuerdings Berufung eingelegt. Auch diese wurde verworfen, aber sofortige Beschwerde zugelassen. Der zuständige Senat des Reichsgerichts wollte der Beschwerde stattgeben, sah sich aber daran durch Entscheidungen des Reichsarbeitsgerichts gehindert und legte die Sache dem großen Senat für Zivilsachen vor. Dieser erklärte die Berufung für statthaft. Der Zweck des Gesetzes vom 27. Oktober 1933 war, das Verfahren so zu gestalten, daß ein ebenso sicherer wie schleuniger Rechtsschutz verbürgt und ein Mißbrauch der Arbeitskraft der Gerichte durch böswillige oder nachlässige Prozeßführung ausgeschlossen wurde. Davon konnte hier nicht die Rede sein. Der Zweck der Rechtsmittel besteht darin, die sachliche Nachprüfung ergangener Entscheidungen zu ermöglichen und dem wirklichen Recht zum Siege zu verhelfen. Das Bedürfnis nach Sicherung des Rechts tritt aber mit dem Bedürfnis, das Verfahren zum Abschluß zu bringen, in Widerstreit; es war notwendig, zwischen beiden eine Grenze zu ziehen. Das ist durch die Einführung von Rechtsmittelfristen geschehen. Wollte man die Wiederholung eines Rechtsmittels innerhalb der Frist für unzulässig erklären, so würde die Grenze zuungunsten der Rechtssicherheit verschoben. (Großer Senat für Zivilsachen, 30. Juni 1938.) Amtl. Sammlg. S. 53—56.

10. Erbengemeinschaft. Vorkaufsrecht. (BGB. §§ 513, 2034.) Von vier Erben veräußerte einer seinen Anteil. Einer der anderen Miterben erklärte darauf dem Erwerber des Anteils gegenüber, daß er sein Vorkaufsrecht ausübe und Übertragung des Erbteils auf ihn verlange. Einige Zeit später stellten die beiden anderen Miterben (Mutter und Tochter) dasselbe Verlangen. Die Tochter erhob Klage auf Übertragung des Erbanteils auf sich und ihre Mutter zu gleichen Teilen, hilfweise auf Übertragung auf sich, ihre Mutter und die dritte Miterbin zu gleichen Teilen. Die Klage wurde abgewiesen. Das Vorkaufsrecht konnte nur von den drei Miterben zusammen und nur in bezug auf den ganzen Gegenstand geltend gemacht werden. Die Erklärungen müssen in bewußtem und gewollten Zusammenhang, wenn auch nicht gleichzeitig, abgegeben werden. Nun sind allerdings, wenn von mehreren Vorkaufsberechtigten einer sein Recht nicht ausübt, die übrigen berechtigt, das Recht im ganzen geltend zu machen. Die Klägerin vertrat die Auffassung, daß der eine Miterbe sich durch sein Verlangen der allein zulässigen Gesamtausübung des Vorkaufsrechts widersetzt habe, und daß dieses Verhalten der Nichtausübung des Vorkaufsrechts gleichstehe. Die Erklärung des ersten Miterben war aber nicht schlechthin unwirksam; sie konnte Bedeutung gewinnen, wenn die beiden anderen Miterben auf ihr Vorkaufsrecht verzichteten oder ihre Erklärungen wegen Irrtum wirksam anfochten. Da grundsätzlich das Vorkaufsrecht von allen Miterben gemeinschaftlich ausgeübt werden muß, kann die Ausübung gegen den Willen auch nur eines Miterben nicht erfolgen, so wenig wie bei Widerspruch eines Miterben die übrigen über einen Nachlaßgegenstand verfügen können. (IV, 14. Juli 1938.) Amtl. Sammlg. S. 57—64.

11. Westfälische fortgesetzte Gütergemeinschaft. (BGB. §§ 1490, 1491, 1501, 1923, 1925, 1931, 2078, 2303; PrG. betreffend das eheliche Güterrecht in der Provinz Westfalen vom

16. April 1860 §§ 7, 10, 16.) Nach dem Tode des Ehemanns im Jahre 1895 setzte die Witwe mit ihren fünf Kindern: H., F., P., J., K. die Gütergemeinschaft nach westfälischem Recht fort. J. starb 1900 ledig und kinderlos. H. starb kinderlos 1914; er wurde von seiner Witwe beerbt. Diese schloß 1915 mit ihrer Schwiegermutter einen Abfindungsvertrag, durch den sie gegen Zahlung von 34000 Mk. auf alle Ansprüche am Nachlaß ihres Ehemanns, ihrer Schwägerin J., ihres Schwiegervaters und auf das etwaige Erbrecht nach der Schwiegermutter verzichtete. Die Abfindungssumme sollte aus dem Gesamtgut gezahlt werden. P. starb kinderlos 1930; seine Witwe wurde seine Alleinerbin. Sie traf im März 1931 mit ihrer Schwiegermutter eine Vereinbarung, durch die ihr diese ohne Anerkennung und Übernahme einer rechtlichen Verpflichtung die Zahlung einer monatlichen Rente von 350 RM. auf drei Jahre zusagte. Weiter schloß sie im Dezember 1931 mit ihrer Schwiegermutter und ihren Schwägern F. und K. ein Abkommen, wonach sie zur Abfindung aller Ansprüche ihres Ehemanns gegen diese eine einmalige Abfindung von 5000 RM. erhalten sollte; die Summe wurde ihr alsbald ausbezahlt. Am 1. August 1932 errichtete die Schwiegermutter ein Testament, in dem sie ihre Söhne F. und K. zu je ⅓, die Kinder des K. zu ⅓ als Erben einsetzte; am 18. August 1932 starb sie. Frau P. focht die Vereinbarung vom März 1931 und das Abkommen vom Dezember 1931 wegen Irrtum und arglistiger Täuschung an, ebenso das Testament ihrer Schwiegermutter wegen Verletzung ihrer Rechte an dem Nachlaß und dem gütergemeinschaftlichen Vermögen. Sie klagte gegen die im Testament eingesetzten Erben auf Feststellung, daß das Testament ihr gegenüber nichtig sei und daß sie an dem gütergemeinschaftlichen Vermögen an Stelle ihres verstorbenen Ehemanns beteiligt sei; hilfsweise auf Zahlung von 20000 RM. In zwei Rechtszügen wurden die Feststellungsanträge abgewiesen, dem Leistungsantrag dagegen zum Teil stattgegeben. Auf die Revision beider Teile verwies das Reichsgericht die Sache zurück. Die Parteien stritten vor allem darüber, in welchem Maße die Klägerin an dem Gesamtgute der fortgesetzten Gütergemeinschaft beteiligt war. Das hing zunächst davon ab, welche Änderungen in dem Beteiligungsverhältnis der Tod des Sohnes H. und der mit seiner Witwe im Jahre 1915 geschlossene Abfindungsvertrag zur Folge gehabt hatte. Maßgebend hiefür war zunächst das preußische Gesetz vom 16. April 1860 betreffend das eheliche Güterrecht in der Provinz Westfalen. Das Gesetz ist revisibel, da

es sich über den Bereich des Oberlandesgerichts Hamm auch auf Teile des Oberlandesgerichts Düsseldorf erstreckt. Eine ausdrückliche Regelung des Falles enthält das Gesetz nicht. Nach dem Bürgerlichen Gesetzbuch wächst der Anteil eines durch Verzicht ausscheidenden Abkömmlings den übrigen Abkömmlingen zu, doch ist, sofern nichts anderes vereinbart wird, die dem Abkömmling für den Verzicht aus dem Gesamtgut zu gewährende Abfindung bei der späteren Auseinandersetzung in das Gesamtgut einzurechnen und auf die den Abkömmlingen gebührende Hälfte anzurechnen. Es steht nichts im Wege, zur Ausfüllung einer Lücke des Provinzialrechts auf Rechtsgedanken des allgemeinen Rechts zurückzugreifen, zumal wenn es sich, wie hier, um eine in ihren Besonderheiten absterbende, aus dem Rechtsleben ohnehin mehr und mehr verschwindende Rechtseinrichtung handelt. Hienach betrugen nach dem Ausscheiden der Witwe H. die Anteile der drei beteiligt gebliebenen Kinder je $^1/_6$ des Gesamtgutes. Der Tod des Ehemanns der Klägerin hatte dann die Wirkung, daß sein Anteil auf die Klägerin als seine Alleinerbin überging. Die Klägerin hatte die Auffassung vertreten, daß ihr auch ein Pflichtteilsanspruch gegenüber der Erblasserin zustehe. Diese Auffassung hatte schon das Berufungsgericht abgelehnt; das Reichsgericht billigte die Entscheidung. Da der Ehemann der Klägerin vor seiner Mutter gestorben war, konnte er nicht ihr Erbe werden und demgemäß auch keinen Pflichtteilsanspruch gegen ihren Nachlaß erlangen; die Klägerin selbst gehörte als Schwiegertochter weder zu den gesetzlichen Erben noch zu den Pflichtteilsberechtigten. Die Anfechtung des Testaments hatte die Klägerin damit begründet, daß nach § 10 des Gesetzes von 1860 der überlebende Ehegatte berechtigt ist, durch Übergabeverträge oder letztwillige Verfügungen unter den unabgefundenen Kindern die Nachfolge in das gemeinschaftliche Vermögen zu regeln, daß aber jedem Kinde wenigstens der Wert des ihm nach § 15 gehörigen Anteils (des Schichtteils), im Falle einer letztwilligen Verfügung aber außerdem seines Pflichtteils zugewendet werden muß. Ein Pflichtteil kam für die Klägerin nicht in Frage; sie wollte aber die Vorschrift dahin ausgelegt wissen, daß die Unterlassung der Zuwendung ihres Schichtteils die Nichtigkeit des Testaments zur Folge habe. In Übereinstimmung mit dem Berufungsgericht entschied aber das Reichsgericht, daß als Folge der unterlassenen Zuwendung des Schichtteils der Klägerin gegen die Erben nur ein schuldrechtlicher Anspruch in Höhe des Schichtteils erwachsen sei. Auch die weitere

Vorschrift, daß der überlebende Ehegatte zugunsten anderer Personen als der nichtabgefundenen Kinder nur über seinen Anteil an der Gemeinschaft mit Vorbehalt der Pflichtteile der Kinder letztwillig verfügen kann, war nicht verletzt; der Wert der den Kindern des K. gemachten Zuwendungen war geringer als der Anteil der Erblasserin am Gesamtgut. Dagegen erklärte das Reichsgericht es für möglich, daß die Anfechtung des Testamentes aus dem Gesichtspunkt des Irrtums begründet war; die näheren Ausführungen sind nicht abgedruckt. (IV, 30. Juni 1938.) Amtl. Sammlg. S. 65—79.

Vgl. Bd. 60 S. 165; JW. 1929 S. 210.

12. Zwangsvergleich. Anfechtung. Schadenersatz. Gute Sitten. Arglist. (BGB. §§ 123, 826; KO. § 196.) Ein Konkurs wurde durch Zwangsvergleich abgeschlossen. Im Bestätigungsverfahren brachte ein Gläubiger vor, daß der Gemeinschuldner den Zwangsvergleich durch betrügerische Vorspiegelungen zustande gebracht habe; da er dafür keine ausreichenden Beweismittel vorbringen konnte, wurde der Zwangsvergleich bestätigt. Als später der Gemeinschuldner eine Klage erhob, ließ der Beklagte sich die Rechte dieses Gläubigers abtreten und machte sie widerklagsweise geltend. Er hatte keinen Erfolg. Die Anfechtung eines Zwangsvergleichs ist in der Konkursordnung erschöpfend geregelt; sie ist nur zulässig, wenn der Gläubiger ohne sein Verschulden außerstande war, den Anfechtungsgrund in dem Bestätigungsverfahren geltend zu machen. Geltendmachen im Sinne dieser Vorschrift hat nur die Bedeutung von Vorbringen; es war daher unerheblich, daß der Gläubiger die Anfechtungsgründe nicht glaubhaft machen konnte. Auch im Wege einer Arglisteinrede konnte der Zwangsvergleich nicht mehr hinfällig gemacht werden. Der bestätigte Zwangsvergleich kann insoweit einem rechtskräftigen Urteil nicht gleichgestellt werden. Wenn die Rechtsprechung gegenüber der sittenwidrigen Erwirkung und Ausnutzung eines rechtskräftigen Urteils die Berufung auf § 826 BGB. zugelassen hat, findet das seine Rechtfertigung darin, daß die Vorschriften über die Wiederaufnahme eines durch rechtskräftiges Urteil abgeschlossenen Verfahrens zur Bekämpfung eines solchen Unrechts nicht ausreichen. Der Zwangsvergleich unterliegt dagegen einem gerichtlichen Bestätigungsverfahren, in dem die Verwerfungsgründe, insbesondere die gegen die Redlichkeit des Zustandekommens des Vergleichs sprechenden Umstände vorzubringen und zu erörtern sind. Im Interesse der Sicherheit der durch den Zwangsvergleich geregelten vielfältigen Beziehungen zwischen Gemeinschuldner und Gläubigerschaft soll auch der beim Zustandekommen des Vergleichs verübte Betrug nur dann Bedeutung haben, wenn er als Verwerfungsgrund im Bestätigungsverfahren nicht geltend gemacht werden konnte. (VII, 26. Juli 1938.)

Amtl. Sammlg. S. 79—83.

Vgl. Bd. 57 S. 270; Bd. 127 S. 372; Bd. 155 S. 55; Bd. 156 S. 265; JW. 1903 S. 182.

13. **Deutsche Reichspost. Briefbeförderung. Öffentliche Gewalt. Amtspflichtverletzung.** (RVerf. Art. 88, 131; BGB. §§ 823, 839; PostG. §§ 1—5, 50.) Durch einen Kraftwagen der Reichspost wurde ein Fußgänger erheblich verletzt. Er klagte gegen den Fahrer des Wagens und gegen die Reichspost auf Schadenersatz. Die Klage gegen den Fahrer wurde abgewiesen, jene gegen die Reichspost drang in allen Rechtszügen durch. Die Abweisung der Klage gegen den Fahrer wurde damit begründet, daß er in Ausübung der ihm anvertrauten öffentlichen Gewalt gehandelt habe und daß daher die Reichspost schadenersatzpflichtig sei. Die Reichspost erkannte nur ihre Haftung als Kraftfahrzeughalterin, nicht aber die weitergehende Haftung nach RVerf. Art. 131, BGB. § 839 an; sie bestritt insbesondere, daß der Lenker des Wagens in Ausübung öffentlicher Gewalt tätig geworden sei. In der bisherigen Rechtsprechung des Reichsgerichts ist daran festgehalten worden, daß die Reichspost eine Hoheitsverwaltung des Reiches ist, daß sie aber nicht in allen ihren Tätigkeiten in Ausübung öffentlicher Gewalt handelt; so ist insbesondere entschieden worden, daß sie bei der Beförderung von Paketen innerhalb ihres bürgerlich-rechtlichen Geschäftskreises tätig wird. Das Reichsgericht beschränkte sich auf die Frage, ob die Beförderung von Briefen und Paketen, um die es sich im gegebenen Falle handelte, als Ausübung öffentlicher Gewalt anzusehen sei. Wenn das Reich oder eine andere öffentlich-rechtliche Körperschaft ein Unternehmen betreibt, das auch ein privater Unternehmer ausüben könnte, braucht dieses Unternehmen nicht notwendig im bürgerlich-rechtlichen Geschäftskreis zu liegen, selbst dann nicht, wenn der Betrieb auch Gewinn abwerfen soll; vielmehr kommt es darauf an, in welcher Weise die Ordnung des Betriebs und sein Aufgabenbereich geregelt sind. Kraft ihres Organisationsrechts können öffentlich-rechtliche Körperschaften auch Betriebe und Unternehmen, die regelmäßig privatwirtschaftlich betrieben werden und dem allgemeinen

Rechtsverkehr unterliegen, als hoheitlichen Aufgabenbereich ausgestalten und betreiben. Das ist auf Grund der Regelung, die sich aus dem Postgesetz ergibt, für die Briefbeförderung der Deutschen Reichspost geschehen. Maßgebend hiefür ist in erster Reihe die der Post kraft Gesetzes eingeräumte Stellung innerhalb der Volksgemeinschaft gegenüber der Gesamtheit des Publikums, die Bedeutung des Aufgabengebietes für die Volksgesamtheit und die rechtliche Gestaltung der Durchführung der Aufgaben im ganzen. Auf dem Gebiete der Briefbeförderung genießt die deutsche Reichspost ein Alleinrecht und ein Zwangsrecht; andere Unternehmer sind bei der Beförderung von Briefen ausgeschlossen. Sie unterliegt dem Beförderungszwang, muß im Interesse des Verkehrs — vorbehaltlich gewisser Ausnahmen — allen Volksgenossen dienstbar sein. Die ihr zustehenden Gebühren kann sie durch Anwendung von Verwaltungszwang beitreiben. Hienach muß die gesamte, mit der Briefbeförderung zusammenhängende Tätigkeit der Postbeamten als Ausübung öffentlicher Gewalt angesehen werden. Es geht nicht an, eine einheitliche Aufgabe, die ihrem Wesen nach öffentlich-rechtlicher Natur ist, in einzelne Tätigkeitsakte aufzuspalten und diese daraufhin zu untersuchen, ob sie für sich getrennt unmittelbar der Ausdruck dieses Wesens sind. Daraus folgt, daß die Reichspost für Unfälle, die sich bei Dienstfahrten ihrer zur Briefpostbeförderung eingesetzten Kraftwagen ereignen, deswegen haften muß, weil der den Kraftwagen führende Beamte eine ihm dem Verletzten gegenüber obliegende Amtspflicht verletzt hat. Jeder Beamte, der in Ausübung öffentlicher Gewalt ein nicht dienstfremdes Geschäft vornimmt, hat jedem Dritten gegenüber die Amtspflicht, sein Amt so auszuüben, daß jedenfalls Unbeteiligte nicht geschädigt werden. Diese Pflicht kennzeichnet sich als Fürsorgepflicht, die dahin geht, daß die mit der Amtsausübung und der Ausübung öffentlicher Gewalt verbundenen Mittel streng in den Schranken der Amtsausübung gebraucht werden müssen und daß bei der Amtsausübung in keiner Weise in den Bereich Unbeteiligter eingegriffen werden darf. Hat ein Beamter in Ausübung öffentlicher Gewalt ein Dienstgeschäft vorgenommen und dabei eine unerlaubte Handlung im Sinne des § 823 BGB. begangen, so hat er gleichzeitig eine ihm dem Dritten gegenüber obliegende Amtspflicht verletzt. In ihrem bürgerlich-rechtlichen Geschäftskreis haftet eine öffentlich-rechtliche Körperschaft für Handlungen eines Beamten neben dem Beamten, soweit ihr nicht mit Bezug auf eine von

dem Beamten vorgenommene unerlaubte Handlung der Entlastungsbeweis aus § 831 BGB. gelingt. (VII, 13. Mai 1938.)
Amtl. Sammlg. S. 83—93.
Vgl. Bd. 83 S. 24; Bd. 109 S. 100, 209; Bd. 126 S. 28; Bd. 139 S. 149; Bd. 141 S. 420; Bd. 154 S. 117; Bd. 155 S. 257, 267, 333; Bd. 158 S. 230, 401.

14. Feldhüter. Beamter. Staatshaftung. Polizeigewalt. Streitgehilfe. (RVerf. Art. 131; BeamtRÄndG. §§ 3, 5, 6; PrFeldPolG. § 62; ZPO. § 67.) Ein Feldhüter in Preußen verletzte in Ausübung seines Dienstes einen Mann durch einen Schuß. Er wurde wegen Körperverletzung verurteilt. Der Verletzte klagte gegen die Gemeinde, in deren Dienst der Feldhüter stand, auf Schadenersatz. Das Land Preußen trat dem Streit bei und legte, als die Klage abgewiesen wurde, Berufung ein. Der Kläger schloß sich der Berufung an. Das Berufungsgericht wies die beiden Berufungen zurück. Die Revision hatte keinen Erfolg; das Urteil wurde nur dahin berichtigt, daß es sich nur um eine Berufung handle. Die Verantwortlichkeit für Amtspflichtverletzungen, die ein Beamter in Ausübung der ihm anvertrauten öffentlichen Gewalt begeht, trifft den Staat oder die öffentliche Körperschaft, in deren Dienst der Beamte steht. Im Sinne dieser Vorschrift steht der Beamte im Dienst des Gemeinwesens, das ihn angestellt hat; dieses haftet für ihn, während es nicht darauf ankommt, wessen Hoheitsrecht der Beamte bei der beanstandeten Amtshandlung ausgeübt hat. Bis zum Inkrafttreten des Beamtenrechtsänderungsgesetzes gab die Ausübung hoheitlicher Befugnisse dem damit Beliehenen volle Beamteneigenschaft im Innen- wie im Außenverhalten. Seitdem ist Beamter nur, wer als solcher berufen ist. Diese Einschränkung gilt aber nur für das Innenverhältnis; für das Außenverhältnis, die Haftung des Staates oder der öffentlichen Körperschaft gegenüber dritten Personen, ist sie ohne Bedeutung. Wenn die Person, für die gehaftet werden soll, zwar für das Haftungsrecht Beamter ist, aber wegen Fehlen einer öffentlich-rechtlichen Bestellung in keinem Beamtendienstverhältnis steht, kann als haftbar nur das Gemeinwesen in Betracht kommen, das den Beamten zur Ausübung öffentlich-rechtlicher Gewalt berufen und ihn damit für den Bereich des Haftungsrechts zum Beamten gemacht hat. Die Feldhüter in Preußen sind nur privatrechtliche Angestellte; auf Grund ihrer Bestätigung durch den Landrat besitzen sie polizeiliche Befugnisse. Verletzen sie bei deren Wahrnehmung ihre Amtspflichten, so muß der Staat als Träger der

Polizeigewalt den Schaden ersetzen. Die Gemeinde übt die staatliche Polizeigewalt nur kraft Übertragung aus, nicht aus eigenem Recht. (III, 15. Juli 1938.) Amtl. Sammlg. S. 95—100.

Vgl. Bd. 64 S. 70; Bd. 142 S. 190.

15. Rechtsanwalt. Sondervergütung. Verwirkung. Unzulässige Rechtsausübung. Treu und Glauben. (RAGebO. § 93; BGB. §§ 226, 242.) Ein Rechtsanwalt war mehrere Jahre hindurch Rechtsberater einer Frau. Diese lebte von ihrem Ehemann getrennt; er wollte sich von ihr scheiden lassen und suchte, da er selbst keinen Scheidungsgrund hatte, sie zur Erhebung einer Scheidungsklage durch Androhung des Widerrufs seines Testaments zu bestimmen. Der Rechtsanwalt brachte es durch seine Verhandlungen dazu, daß dieser Widerruf unterblieb, so daß die Frau nach dem Tode ihres Mannes ein sehr großes Vermögen erbte. Auch weiter vertrat der Rechtsanwalt die Frau in vielen Angelegenheiten, die mit dem Nachlaß zusammenhingen. Er erhielt dafür zwei Sondervergütungen von je 15000 RM. Als der Rechtsanwalt später auf Zahlung rückständiger Gebühren klagte, behauptete die Frau, die Sondervergütungen seien übermäßig hoch gewesen, so daß ihr Rückforderungsansprüche auf Herausgabe des zuviel Gezahlten zuständen; damit rechnete sie auf. In zwei Rechtszügen wurde die Klage zum großen Teil abgewiesen. Das Reichsgericht verwies die Sache zurück. Für die Bemessung der dem Kläger für seine Tätigkeit bis zum Tode des Ehemanns der Beklagten zukommenden Gebühren war nicht der Wert des Nachlasses maßgebend, sondern der Betrag der von der Beklagten im Falle der Scheidung zu erhebenden vermögensrechtlichen Ansprüche; seine Bemühungen blieben, auch soweit sie andere Ziele verfolgten, im Rahmen der Scheidungsverhandlungen. Zu berücksichtigen waren aber auch der Erfolg der Leistungen des Klägers und die Vermögenslage der Beklagten. Es müssen überhaupt alle Umstände beachtet werden, die entweder nach der Lebenserfahrung schlechthin oder nach der Sachlage im besonderen Falle bei der Bemessung der Vergütung ins Gewicht fallen konnten. Unbedingt geltende Grundsätze lassen sich nicht aufstellen. Die Leistung des Anwalts bemißt sich nach dem Umfang und der Schwierigkeit der Sache, aber auch nach ihrer Bedeutung für den Auftraggeber. Dem Kläger stand zwar auf den Widerruf oder Nichtwiderruf des Testaments kein unmittelbarer Einfluß zu; wenn er aber erreichte, daß das Testament nicht widerrufen wurde, mußte das bei der Bemessung einer ihm zukommenden Sondervergütung berücksichtigt werden. Auch die Höhe des Nachlasses war in Betracht zu ziehen. Der Kläger hatte für die Beklagte auch den Verkauf eines Geschäftsanteils einer G. m. b. H. vermittelt. Das Berufungsgericht hatte hiezu erklärt, daß der Kläger hiebei nicht als Rechtsanwalt, sondern als Kaufmann tätig geworden sei, und daß ihm dafür auch eine Vergütung zukomme, wie sie ein Kaufmann berechnen würde. Grundsätzlich erkannte das Reichsgericht das als richtig an. Ein Rechtsanwalt darf allerdings keine Tätigkeit ausüben, die sich mit seiner Standesehre und mit der Würde seines Berufs nicht verträgt. Insbesondere verbieten ihm die Standesehre und das öffentliche Interesse an der Sauberkeit des Berufsstandes, sich mit Geschäften zu befassen, bei denen eine Entlohnung der Natur der Sache nach in der Weise mit dem Erfolg der Tätigkeit verknüpft ist, daß für den Fall eines bestimmten Erfolgs eine bestimmte Beteiligung an dem Geschäft zugesagt wird. Ein solches Geschäft lag aber hier nicht vor; die Vergütung wurde erst nach Durchführung des Verkaufs festgesetzt. Umstände, die gegen eine solche Vereinbarung sprachen, waren nicht erkennbar; es verstieß insbesondere nicht gegen die Würde und Berufsehre des Anwaltstandes, daß bei der Bestimmung der Höhe der Vergütung die besondere Art der Tätigkeit, hier ihr mehr kaufmännischer Einschlag, in Rechnung gestellt wurde. Der Kläger hatte gegenüber der Rückforderung der Beklagten auch geltend gemacht, daß sie ihr Recht hiezu durch langes Zuwarten verwirkt habe. Für den Verwirkungsgedanken, der als ein Sonderfall der unzulässigen Rechtsausübung anzusehen ist, kommt es aber darauf an, ob die in Frage stehende Geltendmachung von Ansprüchen gegen die das bürgerliche Recht beherrschenden Grundsätze von Treu und Glauben verstößt. Langes Verschweigen des Anspruchs genügt für sich allein nicht; doch kann ein solcher Verstoß anzunehmen sein, wenn der Schuldner dem Verhalten des Gläubigers, das zur verspäteten Geltendmachung des Anspruchs führte, entnehmen mußte, daß dieser den Anspruch nicht mehr geltend machen wolle, wenn sich also der Schuldner darauf einrichten durfte und auch einrichtete, daß er mit dem Anspruch nicht mehr zu rechnen brauchte. Das war hier nicht der Fall, entscheidend war aber, daß es sich um einen Anspruch handelte, der auf einer Vorschrift öffentlichrechtlichen Charakters beruhte. Zwar gelten die Grundsätze von Treu und Glauben auch auf dem Gebiete des öffentlichen Rechts; der Grundsatz der Verwirkung kann aber, wie überhaupt, gerade auf diesem Gebiete nur mit allergrößter Vorsicht angewandt werden. Unterliegen die dem Rechtsanwalt auferlegten Pflichten und Beschränkungen grundsätzlich nicht der Verfügung der im einzelnen Falle beteiligten Personen, so kann auch die Berufung auf Treu und Glauben nicht ohne weiteres einen Rechtszustand als gegeben erscheinen lassen, wie wenn der Auftraggeber auf sein Rückforderungsrecht verzichtet hätte. Solange nicht ganz besondere Umstände vorliegen, steht der Anwendung des Verwirkungsgedankens auf einen Gebührenrückforderungsanspruch dieser Art der auf Wahrung öffentlich-rechtlicher Belange gerichtete Zweck des § 93 RAGebO. entgegen. Solche Umstände fehlten hier. (III, 17. Dezember 1937.)

Amtl. Sammlg. S. 100—113.

Vgl. Bd. 144 S. 22; Bd. 145 S. 217; Bd. 146 S. 385; Bd. 155 S. 148.

16. Versicherung. Verjährung. Typische Vertragsbedingung. (VersVertrG. § 12.) Aus einem am 10. September 1929 erlittenen Unfall wurde eine Versicherung in Anspruch genommen. Da der Verletzte mit deren Leistungen nicht zufrieden war, beauftragte er seinen Rechtsanwalt, gegen eine andere Versicherung, die aus dem Gesichtspunkt der Haftpflicht einzutreten hatte Klage zu erheben. Diese lehnte am 3. September 1931 die verlangte Entschädigung ab. Im Januar 1933 starb der Rechtsanwalt; zu einer Klageerhebung war es nicht gekommen. Die Versicherung berief sich nunmehr auf Verjährung. Der Verletzte klagte gegen die Erben des Rechtsanwalts auf Schadenersatz. In zwei Rechtszügen drang die Klage durch. Das Reichsgericht wies sie ab. Ansprüche aus einem Versicherungsvertrag verjähren in zwei Jahren. Die Verjährung beginnt mit dem Schluß des Jahres, in dem die Leistung gemäß dem Vertrag fällig wird. Nach den allgemeinen Versicherungsbedingungen, die hier in Betracht kamen und als typische Geschäftsbedingungen der rechtlichen Beurteilung durch das Revisionsgericht unterlagen, hatte die Zahlung binnen zwei Wochen nach der Feststellung des Anspruchs zu geschehen. Zu einer solchen Feststellung war es nicht gekommen, da die Versicherung den Anspruch ohne weiteres ablehnte. Mit dieser Ablehnung trat die Fälligkeit des Anspruchs ein; da ein Feststellungsverfahren nicht möglich war, bestand kein Grund, die Fälligkeit der Leistung weiter hinauszuschieben. Die Verjährung begann also Ende 1931 und lief Ende 1933 ab. Das war lange nach dem Tode des Rechtsanwalts; da ausreichend Zeit zur Geltendmachung des Anspruchs blieb, konnte der Rechtsanwalt nicht für den Ablauf der Verjährung verantwortlich gemacht werden. (III, 13. Mai 1938.) Amtl. Sammlg. S. 113—119. Vgl. Bd. 81 S. 117; Bd. 111 S. 104; Bd. 124 S. 345; JW. 1933 S. 2128.

17. Beamter. Entlassung. Wartegeld. Anfechtung. Vorbescheid. (PrG. vom 24. Mai 1861 über die Erweiterung des Rechtswegs § 2; PrVO. betr. die einstweilige Versetzung der unmittelbaren Staatsbeamten in den Ruhestand vom 26. Februar 1919; PrWarteGeldVO. § 3; BGB. § 119.) Ein preußischer Landrat wurde im März 1933 durch Beschluß des Staatsministeriums in den einstweiligen Ruhestand versetzt. Der Beschluß wurde ihm durch den vorgesetzten Regierungspräsidenten bekannt gemacht. Gleichzeitig wurde ein Dienststrafverfahren gegen ihn eingeleitet. Er reichte eine Schutzschrift ein, worin er um Einstellung des Verfahrens und um Entlassung aus dem Staatsdienst unter Verzicht auf Ruhegehalt nachsuchte. Die Entlassung wurde ihm bewilligt; das Dienststrafverfahren wurde bald darauf eingestellt. Ein Jahr später zog er den Antrag auf Dienstentlassung zurück; der preußische Minister des Innern eröffnete ihm aber, daß er ordnungsgemäß entlassen sei. Darauf klagte er gegen das Land Preußen auf Zahlung von 700 RM. Im ersten Rechtszug verlangte er den Betrag als rückständiges Wartegeld; im zweiten Rechtszug bezeichnete er auch seine Versetzung in den einstweiligen Ruhestand als unwirksam und verlangte den Betrag als Gehalt. In allen Rechtszügen wurde die Klage abgewiesen. Der Anspruch des Klägers auf Gehalt war schon deshalb unhaltbar, weil für diesen Anspruch, der selbständig neben jenem auf Wartegeld stand, der Vorbescheid des Verwaltungschefs im Sinne des § 2 des Gesetzes v. 24. Mai 1861 über die Erweiterung des Rechtswegs fehlte. Während des ersten Rechtszugs war eine Entschließung des preußischen Ministers des Innern an den Regierungspräsidenten, der das Land Preußen im Rechtsstreit zu vertreten hatte, ergangen, worin zu den Ausführungen des Klägers Stellung genommen und der Antrag auf Abweisung näher begründet war; dieser Erlaß konnte aber nicht auf den erst im zweiten Rechtszug erhobenen Gehaltsanspruch bezogen werden. Das Reichsgericht hatte somit nur die Frage zu prüfen, ob die Versetzung des Klägers in den einstweiligen Ruhestand wirksam war. Der Kläger hatte bestritten, daß diese ihm ordnungsmäßig bekannt gemacht worden sei. Eine bestimmte Form für die Bekanntmachung ist aber nicht vorgeschrieben. Der Kläger befand sich somit im einstweiligen Ruhestande, wenn er nicht in rechtsgültiger Weise aus dem Dienst entlassen worden war. Sein Antrag auf Dienstentlassung war klar und unzweideutig gefaßt; er stellte sich frei von offenen und versteckten Vorbehalten und als keiner Auslegung bedürftig dar. Ein Abweichen des nicht zum Ausdruck gelangten inneren Willens des Klägers konnte also nur unter den Voraussetzungen bedeutsam werden, unter denen überhaupt der Irrtum im Rechtsleben von Erheblichkeit ist. Das gilt auch für das Gebiet des öffentlichen Rechts. Wenn der Kläger, wie er behauptete, erklären wollte, daß er nur unter der Voraussetzung der vorherigen Einstellung des Dienststrafverfahrens um Entlassung aus dem Dienst nachsuche, lag allerdings ein Irrtum in der Erklärung vor, der zur Anfechtung ausreichte; aber der Kläger war auf diesen Irrtum spätestens dadurch hingewiesen worden, daß das Dienststrafverfahren erst nach seiner Entlassung eingestellt wurde, und hätte dann die Anfechtung unverzüglich erklären müssen. Die Entlassung des Klägers aus dem Dienst war vom preußischen Minister des Innern verfügt worden. In einem Erlaß des preußischen Ministerpräsidenten vom 17. Juli 1933 ist die Ernennung und Entlassung von Landräten dem Ministerpräsidenten vorbehalten. Der Wortlaut dieses Erlasses kann aber nicht entscheidend sein. Es handelte sich nicht um Regelungen von Rechtsgebieten, die sich verhältnismäßig in Ruhe befanden, sondern um Übergangsregelungen. Wenn der preußische Minister des Innern den Landräten im einstweiligen Ruhestande im Namen des Ministerpräsidenten den Abschied erteilte, war ausgeschlossen, daß das ohne Kenntnis und Billigung des Ministerpräsidenten geschah. (III, 24. Juli 1938.)

Amtl. Sammlg. S. 119—129.

Vgl. Bd. 4 S. 375; Bd. 96 S. 302; Bd. 114 S. 130; Bd. 120 S. 66; Bd. 141 S. 246, 258.

18. **Anwaltshaftung. Streitverkündung. Verjährung. Mangelhafte Prozeßführung. Unzulässige Rechtsausübung.** (BGB. §§ 226, 249, 611, 675; ZPO. §§ 68, 74; RAO. § 37.) Einem Rechtsanwalt wurde am 25. April 1930 die Bewirkung der Eintragung eines Pfandrechts an einem Schiff mit dem Auftrag übergeben, die Eintragung zu beschleunigen, da Gefahr im Verzug bestehe. Er sandte den Antrag sofort an einen Rechtsanwalt am Sitz des Handelsgerichts und ersuchte ihn um schleunige Erledigung der Sache. Der Antrag wurde am 26. April eingereicht. Der zuständige Rechtspfleger beanstandete am 28. April den Antrag wegen einer Unklarheit. Am 29. April

schickte der Anwalt eine Berichtigung an den Anwalt beim Handelsgericht; dieser erhielt sie am 30. April und legte sie am 1. Mai dem Registergericht vor. Der Rechtspfleger, der vom 30. April bis 3. Mai dienstlich abwesend war, verfügte am 6. Mai die Eintragung; sie wurde noch am gleichen Tage vorgenommen. Am 2. Mai war das Schiff auf Antrag der Besatzung wegen Heuerforderungen mit Beschlag belegt worden; am 3. Mai hatten sich andere Gläubiger der Beschlagnahme angeschlossen. Das Schiff wurde versteigert; das am 6. Mai eingetragene Schiffspfandrecht fiel aus. Die Gläubigerin klagte gegen das Deutsche Reich auf Schadenersatz, weil der Rechtspfleger die Eintragung des Schiffspfandrechts schuldhaft verzögert habe. Das Berufungsgericht wies die Klage ab, weil der von der Klägerin beauftragte Rechtsanwalt für den Schaden aufzukommen habe. Die Klägerin legte Revision ein und verkündete dem Rechtsanwalt den Streit; dieser trat ihm nicht bei. Die Revision hatte keinen Erfolg. Nun wurde gegen den Rechtsanwalt Klage auf Schadenersatz erhoben. Das Landgericht wies sie ab; das Berufungsgericht erkannte den Anspruch als begründet an. Das Reichsgericht verwies die Sache zurück. In dem vorangegangenen Rechtsstreit war festgestellt worden, daß der Beklagte schuldhaft unterlassen habe, den Antrag auf Eintragung des Pfandrechts so zu fassen, daß der Eintragung kein Hindernis entgegenstand. Diese Feststellung mußte der Beklagte, der dem Rechtsstreit nicht beigetreten war, gegen sich gelten lassen, soweit er nicht die Einrede mangelhafter Prozeßführung erheben konnte. Diese Einrede hatte er im gegenwärtigen Rechtsstreit erhoben und damit begründet, daß ihm der Rechtsstreit erst in der Revisionsinstanz verkündet worden sei, so daß er nicht mehr in der Lage war, Einwendungen tatsächlicher Art gegen die Annahme seiner Haftung vorzubringen. Das Berufungsgericht hatte diesen Einwand zurückgewiesen, weil der Beklagte als Berater der Klägerin weitgehenden Einfluß auf den Vorprozeß schon in den unteren Rechtszügen habe üben können. Das Reichsgericht bemerkte dazu, daß die Streitverkündung erst in der Revisionsinstanz den Streitverkündeten grundsätzlich nicht daran hinderte, in dem gegen ihn gerichteten Rechtsstreit die tatsächlichen Einwendungen gegen die Feststellungen des Vorprozesses geltend zu machen, die ihm dort in der Revisionsinstanz abgeschnitten waren. Vorwiegend kam aber in Betracht, daß der Beklagte im Vorprozeß Rechtsberater der Klägerin war. Als solcher war er verpflichtet, den Anspruch der Klägerin sorgfältig zu prüfen und

nach jeder Richtung zu sichern. Ergab sich bei dieser Prüfung die Möglichkeit seiner eigenen Haftung, so war er vor die Frage gestellt, ob er den Auftrag beibehalten oder zurückgeben sollte. Behielt er ihn bei, so hatte er die zur Wahrung der Rechte seines Auftraggebers notwendigen Schritte zu tun, auch wenn sie sich gegen ihn selbst richteten. Es konnte ihn nicht entschuldigen, daß weder das Gericht noch die Prozeßbevollmächtigten an seine Haftung dachten und erst das Berufungsgericht darauf hinwies. Ein Mittel zur Sicherung wäre die Veranlassung der Streitverkündung an ihn gewesen, und zwar in doppelter Richtung: einmal, um den Anspruch im Falle des Zurückgreifens der Klägerin auf ihn gegen Einwendungen aus § 68 ZPO. zu sichern, sodann um die mögliche Verjährung des Anspruchs zu verhüten. Daß die Prozeßbevollmächtigten des Vorprozesses seinem Wunsche auf Streitverkündung stattgegeben hätten, stand außer Zweifel. Er hätte dann dem Rechtsstreit als Streitgehilfe beitreten können. Die Maßnahme war schon während der unteren Rechtszüge möglich und wurde dringlich, als das Berufungsgericht auf die eigene Haftung des Beklagten gegenüber der Klägerin hinwies. Da er sie schuldhafterweise unterließ, war er der Klägerin dafür verantwortlich, daß die Streitverkündung erst in der Revisionsinstanz erfolgte und so an sich dem Einwande der mangelhaften Prozeßführung ausgesetzt war. Die Berufung auf diesen Einwand war aber dem Beklagten aus dem Gesichtspunkt des Schadenersatzes wegen schuldhafter Vertragsverletzung gegenüber der Klägerin benommen, weil er darnach die Klägerin so stellen mußte, als wäre die Streitverkündung schon während der unteren Rechtszüge erfolgt. Auch für die Frage der Verjährung war die schuldhafte Unterlassung der rechtzeitigen Herbeiführung der Streitverkündung von Bedeutung. Der Beklagte war zufolge des zwischen ihm und der Klägerin bestehenden Anwaltsdienstvertrags verpflichtet, ihren Schadenersatzanspruch gegen Verjährung zu sichern. Dazu konnte auch die Streitverkündung gegen ihn dienen. Zu der Zeit, als diese erfolgte, war der Anspruch schon verjährt. Da der Beklagte für den Eintritt der Verjährung aus schuldhafter Vertragsverletzung haftete, konnte er sich nicht auf sie berufen; er war verpflichtet, die Rechtslage so gelten zu lassen, als ob die Verjährung nicht eingetreten wäre. Wer für einen Schaden verantwortlich ist, kann daraus kein Recht für sich herleiten. Die Gründe, die zur Aufhebung des Urteils Anlaß gaben, sind nicht veröffentlicht.
(III, 17. Mai 1938.) Amtl. Sammlg. S. 130—137.

Vgl. Bd. 81 S. 430; Bd. 86 S. 287; Bd. 91 S. 234; Bd. 123 S. 96; Bd. 130 S. 300; Bd. 143 S. 250; Bd. 153 S. 101; JW. 1935 S. 3539.

19. Haftpflichtversicherung. Aufwertung. Ausschlußfrist. Verjährung. (BGB. § 203; VO. vom 22. Mai 1926 über die Aufwertung von Versicherungsansprüchen.) Ein Arzt war gegen Haftpflichtansprüche, die gegen ihn aus der Behandlung von Kranken erhoben würden, für die Zeit vom 19. Juni 1915 bis 1. Juli 1925 versichert. Er klagte auf Feststellung, daß die Versicherungsgesellschaft verpflichtet sei, ihm 20% des nach dem Vertrag versicherten Schadens zu ersetzen, der vor dem 1. Juli 1925 verursacht, später aber erst zutage getreten war. Die Klage hatte keinen Erfolg. Die Aufwertung von Versicherungsansprüchen ist ausgeschlossen, wenn sie nicht bis zum 1. Oktober 1926 beantragt worden ist. Der Zweck dieser Vorschrift war, den Versicherungsgesellschaften nach Einführung fester Währung einen Überblick über die aus der Zeit der Geldentwertung stammenden Ansprüche zu geben und es ihnen dadurch zu ermöglichen, richtige Bilanzen aufzustellen und neue Verträge auf einer festen Grundlage abzuschließen. Dieser Zweck konnte nur erreicht werden, wenn alle Ansprüche aus Schadensereignissen aus der Zeit der Geldentwertung erfaßt wurden. Dem Wunsche des einzelnen Versicherungsnehmers, der aus irgendeinem Grunde vor dem 1. Oktober 1926 keine Aufwertung beantragen konnte, stehen die Belange der Volksgemeinschaft an einem Wiederaufbau des durch die Geldentwertung zerrütteten Versicherungswesens gegenüber. Auf Ausschlußfristen können die Vorschriften über Verjährung nicht entsprechend angewandt werden; beide Einrichtungen stehen sich, als verschiedenen Zwecken dienend, schroff gegenüber. (VII, 22. Juli 1938.)
Amtl. Sammlg. S. 137—141.

20. Schenkung. Widerruf. Grobe Verfehlung. Unterlassung. (BGB. § 530.) Eheleute machten der Tochter der Frau (Stieftochter des Mannes) ein Haus zum Geschenk. Der Ehemann der beschenkten Frau mißhandelte seine Schwiegermutter in grober Weise und wies sie mit ihrem Ehemanne aus der Wohnung, die sie in dem Haus innehatten. Sie klagten auf Rückauflassung, Herausgabe des Grundstücks mit allem Zubehör und auf Räumung der Wohnung, welche die Beklagten in dem Haus innehatten. Das Berufungsgericht wies die Klage ab mit der Begründung, daß als beschenkt nur die verklagte Ehefrau in Betracht komme, diese sich aber an den Handlungen ihres Mannes nicht beteiligt habe. Das Reichsgericht verwies die Sache zurück. Die verklagte Ehefrau hatte nichts versucht, um ihren Mann zu besänftigen oder sonst zum Guten zu wirken. Das Berufungsgericht hatte ihr das nicht ungünstig angerechnet, weil sie sich in einem Widerstreit ihrer Pflichten als Tochter und Ehefrau befunden habe. Es war aber nicht ersichtlich, wie sie gegen ihre Pflichten verstoßen hätte, wenn sie versucht hätte, ihren Mann von seinen Ausschreitungen abzuhalten. Schon das Unterlassen eines Versuchs, die Beschimpfungen und Mißhandlungen der Kläger zu verhindern, mußte als schwere Verfehlung angesehen werden; außer der Tatsache, daß die verklagte Ehefrau beiden Klägern mit Rücksicht auf die Schenkung Dank schuldete, mußte berücksichtigt werden, daß sich die Ausschreitungen ihres Mannes gegen ihre eigene Mutter richteten. Für die Frage, ob eine grobe Verfehlung vorliegt, muß es nach heutiger Auffassung noch mehr als früher auf die Gesinnung ankommen, die aus dem Verhalten spricht. Eine Betätigung dieser Gesinnung ist auch in einer Unterlassung zu finden, wenn nach den Umständen Handeln eine sittliche Pflicht bedeutete. (IV, 4. August 1938.) Amtl. Sammlg. S. 141—144.

21. Rechtshängigkeit. Ausländisches Urteil. Feststellungsklage. Vollstreckungsgegenklage. Klagänderung. Hilfsbegründung. Zurückverweisung. (ZPO. §§ 256, 268, 274, 537, 538, 767.) Auf einem Haus in Berlin, dessen Eigentümer in der Schweiz wohnte, lag eine Aufwertungshypothek von 9991 GM.; der Eigentümer war zugleich persönlicher Schuldner. Der Gläubiger wohnte in Holland. Er klagte im November 1936 gegen den Schuldner vor dem Kantongericht in Genf auf Zahlung von 17304 Schweizer Franken. Das Gericht verurteilte den Schuldner zur Zahlung von 9991 GM. nebst Zinsen. Er legte Berufung ein. Ehe über diese entschieden wurde, erhob er Klage zum Landgericht Berlin auf Feststellung:

1. daß er dem Beklagten als persönlicher Schuldner 9991 RM. in deutscher Währung schulde,
2. daß er dem Beklagten als dinglicher Schuldner 9991 RM. in deutscher Währung schulde,
3. daß er durch eine entsprechend der deutschen Devisengesetzgebung erfolgende Zahlung von 9991 RM. auf ein inländisches Sperrkonto des Beklagten von diesen Schulden befreit werde.

Zur Begründung brachte er vor, der Beklagte berühme sich eines Anspruchs auf Zahlung in Schweizer Franken; deshalb bestehe für ihn ein rechtliches Interesse auf Feststellung, wie seine Schuld zu erfüllen sei. Das Landgericht wies die Klage ab; es ließ gegenüber den Aufträgen 1 und 3 die Einrede der Rechtshängigkeit durchgreifen und verneinte für alle Anträge ein Feststellungsinteresse des Klägers. Dieser legte Berufung ein und beantragte Feststellung:

1. daß er bei Bezahlung der persönlichen Schuld von 9991 RM. den Devisengesetzen unterworfen sei,
2. daß er berechtigt sei, durch eine in Berlin unter Beobachtung der deutschen Devisengesetze erfolgende Zahlung von 9991 RM. sich von einer persönlichen Schuld zu befreien und gegen eine solche Zahlung die Ausstellung einer löschungsfähigen Quittung über die Hypothek zu verlangen.

Der Beklagte rügte Klagänderung und beantragte Zurückweisung der Berufung. Das Kammergericht wies die Berufung, soweit sie sich gegen die Abweisung des ursprünglichen Antrags 2 richtete, mit der Begründung zurück, daß der Kläger insoweit die Klage zurückgenommen, der Beklagte aber der Zurücknahme widersprochen habe; im übrigen verwies es die Sache an das Landgericht zurück. Das Reichsgericht beseitigte die Zurückverweisung der Sache an das Landgericht. Das zu erwartende Urteil des zuständigen Schweizer Gerichts war fähig, im Gebiet des Deutschen Reiches anerkannt zu werden; demgemäß war die Einrede der Rechtshängigkeit begründet, wenn in beiden Rechtsstreiten derselbe Anspruch verfolgt wurde. Das war aber nicht der Fall; in Genf wurde auf Leistung, in Berlin auf Feststellung geklagt. Die Zuerkennung des in Genf anhängig gemachten Anspruchs ergab auch nichts darüber, ob der Kläger durch eine Leistung, wie er sie bewirken wollte, von der persönlichen Schuld befreit werde und das Recht auf Erteilung einer löschungsfähigen Quittung erlangte. Die Revision hatte hiegegen vorgebracht, daß der Kläger, wenn er vor einem deutschen Gericht als persönlicher Schuldner auf Zahlung verklagt worden wäre, das Recht auf eine löschungsfähige Quittung einredeweise hätte geltend machen können und das nach § 767 ZPO. bei Vermeidung des Verlustes des Rechts sogar hätte tun müssen; durch eine Feststellungsklage hätte er dieses Recht nicht zur Anerkennung bringen können, da diese an der Einrede der Rechtshängigkeit gescheitert wäre. Das traf schon für das deutsche Prozeßrecht nicht zu; der Kläger hätte gegenüber der Klage auf Leistung seinerseits auf Erteilung der Löschungsbewilligung Zug um Zug gegen Leistung klagen können. Der Kläger hatte allerdings schon in Genf geltend gemacht, daß er sich durch Reichsmarkzahlung auf Sperrkonto von der Schuld befreien könne; das Gericht hatte aber diese Verteidigung zurückgewiesen. Der Kläger hatte aber in Genf überhaupt bestritten, zu einer Zahlung in der Schweiz verpflichtet zu sein, und wollte im vorliegenden Rechtsstreit eine Entscheidung darüber herbeiführen, wie er seiner Verpflichtung zur Zahlung in Deutschland nach Maßgabe der deutschen Devisengesetzgebung zu genügen habe; darüber hatte das Schweizer Gericht nicht zu entscheiden. Mit der Verwerfung der Einrede der Rechtshängigkeit war aber der Streit über die Feststellungsklage nicht beendet. Wenn das Landgericht nur über diese Einrede entschieden gehabt hätte, wäre Zurückverweisung an das Landgericht geboten gewesen. Hatte aber das Landgericht auch in der Sache selbst entschieden und war der Rechtsstreit spruchreif, so hatte das Kammergericht selbst das abschließende Urteil zu erlassen. Das Landgericht hatte die Abweisung der ursprünglichen Anträge 1 und 3, an deren Stelle die neuen Anträge traten, hilfweise auch damit begründet, daß es an einem rechtlichen Interesse für die vom Kläger erbetene Feststellung fehle. Wenn das Kammergericht in eine Prüfung dieses Entscheidungsgrundes eingetreten wäre, hätte es zu einer Zurückverweisung nicht kommen können; entweder hätte es die Berufung zurückweisen oder in der Sache selbst entscheiden müssen. Allerdings lag in der Begründung des Urteils des Landgerichts insofern ein Widerspruch, als es einerseits die Einrede der Rechtshängigkeit anerkannte, anderseits in der Sache selbst entschied. Das Reichsgericht hat in solchen Fällen schon die sachliche Entscheidung als nicht geschrieben behandelt. Das gilt aber nur für das Revisionsverfahren, nicht für das abweichend geordnete Berufungsverfahren. Das Berufungsgericht hat — anders als das nur mit der Rechtsanwendung befaßte Revisionsgericht — über alle einen zuerkannten oder aberkannten Anspruch betreffenden Streitpunkte zu befinden, über die nach den Anträgen entschieden werden muß; mithin hat es, wenn es entgegen dem ersten Richter den rein verfahrensrechtlichen Abweisungsgrund mißbilligt, in der Sache selbst zu entscheiden und dabei erforderlichenfalls auch den hilfweise gegebenen weiteren Abweisungsgrund des ersten Richters nachzuprüfen. Auch ohne die Hilfsbegründung des Landgerichts wäre die Zurückverweisung nicht statthaft gewesen, wenn der vom Kläger erhobene Anspruch erst durch eine Klageänderung im zweiten Rechtsgang aus einem bereits anderweit in Streit befangenen ein noch nicht rechtshängiger Anspruch geworden wäre. Neuen Prozeßstoff, der ihm auf diese Art vorgetragen wird, muß das Berufungsgericht selbst erschöpfend prüfen. Daß die Parteien dadurch einen Rechtsgang verlieren, ist nur eine Folge der Zulassung der Klageänderung im zweiten Rechtsgang. Im vorliegenden Falle hatte aber der Kläger seine Klage nicht geändert, sondern nur seine Anträge erweitert. (V, 25. August 1938.)

Amtl. Sammlg. S. 145—156.

Vgl. Bd. 12 S. 377; Bd. 29 S. 416; Bd. 41 S. 369; Bd. 49 S. 340; Bd. 50 S. 416; Bd. 55 S. 224; Bd. 61 S. 409; Bd. 70 S. 179; Bd. 71 S. 68; Bd. 82 S. 25; Bd. 97 S. 212; Bd. 105 S. 196; Bd. 123 S. 194; Bd. 133 S. 365; Bd. 153 S. 216; JW. 1937 S. 813; 1938 S. 966.

22. Annahme an Kindes Statt. Freiwillige Gerichtsbarkeit. Rechtsbegründender Beschluß. Bindung des Prozeßrichters. (RG. vom 23. November 1933 gegen Mißbräuche bei der Eheschließung und Annahme an Kindes Statt.) Das mecklenburgische Justizministerium beantragte im Januar 1934, einen im Jahr 1918 geschlossenen Vertrag über Annahme an Kindes Statt für nichtig zu erklären. Der Annehmende war adelig, während der Angenommene einer bürgerlichen Familie angehörte. Der Antrag wurde vom Beschwerdegericht abgewiesen; der Beschluß erlangte die Rechtskraft. Mehrere Mitglieder der adeligen Familie erhoben nun Klage, daß dem Angenommenen die Führung des adeligen Namens untersagt werden solle. Die Klage drang in allen Rechtszügen durch. Die Entscheidung des Richters der freiwilligen Gerichtsbarkeit, welche die Nichtigkeit des Annahmevertrags feststellt, soll, wie die amtliche Begründung des Gesetzes ausdrücklich erklärt, Wirkung für und gegen alle haben, also auch den Prozeßrichter binden. Der Entscheidung, durch welche die Feststellung der Nichtigkeit eines solchen Vertrags abgelehnt wird, kommt eine solche Wirkung nicht zu. Bis zum Erlaß des Gesetzes vom 23. November 1933 bestand wohl die Möglichkeit, ein Urteil auf Unterlassung der Führung des durch den Annahmevertrag erlangten Namens zu erwirken; wenn aber eine solche Klage nicht erhoben wurde, bestand keine Möglichkeit, einen Annahmevertrag, durch den kein wirkliches Eltern- und Kindesverhältnis geschaffen wurde, als unsittlich und nichtig zu brandmarken. Durch das neue Gesetz wurde die Möglichkeit geschaffen, auf Antrag der Verwaltungsbehörde durch Gerichtsbeschluß solche Verträge für nichtig zu erklären; damit sollte aber die bisherige Möglichkeit, ein Unterlassungsurteil hinsichtlich der Namensführung zu erwirken, nicht beseitigt werden. Wird der von der Verwaltungsbehörde gestellte Antrag abgelehnt, so ist zwar das Recht des Staates, die Nichtigkeit mit Wirkung für und gegen alle feststellen zu lassen, erloschen; den Trägern des durch den Annahmevertrag verliehenen Namens ist aber nicht das Recht genommen, von sich aus den Anspruch geltend zu machen, daß der Angenommene die Führung des Namens zu unterlassen habe. In der Revision war ausgeführt, daß der Beklagte die öffentlich-rechtliche Pflicht habe, den durch den Annahmevertrag erhaltenen Namen zu führen. Nachdem aber der Beschluß des Landgerichts, durch den der Antrag auf Feststellung der Nichtigkeit des Annahmevertrags abgelehnt wurde, keine materielle Rechtskraft und keine bindende Wirkung für andere Personen oder Behörden hatte, begründete er auch keine öffentlich-rechtliche Verpflichtung des Beklagten zur Führung des Namens. (IV, 19. September 1938.)

Amtl. Sammlg. S. 156—164.

23. Feststellungsklage. Anerkennung einer Urkunde. Namensstempel. (ZPO. § 256.) Der Oberbürgermeister einer Stadt erteilte einem Angestellten die Ermächtigung, Schriftstücke von geringerer Bedeutung mit seinem Namensstempel zu unterzeichnen. Es entstand ein Streit darüber, ob eine in dieser Weise ausgestellte Urkunde für die Stadt verbindlich sei. Die auf Feststellung der Echtheit der Urkunde gerichtete Klage wurde abgewiesen. Als ursprünglichster Fall einer Klage dieser Art erscheint das Begehren der Feststellung, daß eine mit dem Namen einer Person unterzeichnete Urkunde von dieser Person unterschrieben oder nicht unterschrieben worden ist. Dem steht das Klagbegehren gleich, daß der unter der Urkunde befindliche Namensstempel jener der in Betracht kommenden Person ist und von ihr selbst darunter gesetzt wurde oder ob das alles nicht zutrifft. Nach ständiger Rechtsprechung ist es zulässig, daß der Vertreter mit dem Namen des Vertretenen unterzeichnet. Das gilt entsprechend für die Benutzung des Namensstempels eines Anderen, soweit die Benutzung eines solchen Stempels verkehrsüblich ist. Unter § 256 ZPO. fällt bei dieser Sachgestaltung auch der Streit darüber, ob die mit dem Namen einer Person unterzeichnete oder unterstempelte Urkunde von einem anderen auf besondere Anweisung oder auf Grund einer nach allgemeinen Merkmalen zu beurteilenden Vollmacht unterzeichnet oder unterstempelt worden ist; dagegen ist der Streit darüber, ob sich der Vertreter bei der Unterzeichnung oder Unterstempelung in den Grenzen der ihm erteilten Vollmacht gehalten hat, kein Streit über die Echtheit der Urkunde. Dieser Streit betrifft aber auch nicht ein Rechtsverhältnis im Sinne des § 256 ZPO., nämlich die rechtlichen Beziehungen der Parteien zueinander, die als Rechtsfolge aus dem gegebenen Tatbestande fließen, sondern nur eine Vorfrage rechtlichen Inhalts, aus der solche Rechtsbeziehungen erwachsen können. Eine solche Feststellung fällt nicht in den Rahmen des § 256 ZPO. (III, 1. Juli 1938.) Amtl. Sammlg. S. 164—166.

Vgl. Bd. 74 S. 69; Bd. 107 S. 303.

24. Bürgschaft. Anfechtung. Irrtum. Wegfall der Geschäftsgrundlage. (BGB. §§ 119, 143, 242, 765.) Zugunsten einer erheblich verschuldeten Fabrik wurde eine Bürgschaft übernommen. Einige Monate später erklärte der Bürge, er fühle sich nicht mehr an seine Erklärung gebunden, da sich die Voraussetzungen, unter denen er sie abgegeben habe, vollkommen geändert hätten, so daß man ihm nicht mehr zumuten könne, seine Zusage aufrecht zu erhalten. Als er aus der Bürgschaft verklagt wurde, berief er sich darauf, daß er bei der Übernahme der Bürgschaft durch eine unrichtige Bilanz getäuscht worden sei und deshalb die Bürgschaft angefochten habe. Das Berufungsgericht wies die Klage ab. Das Reichsgericht gab ihr statt. Die Anfechtung des Vertrags wegen arglistiger Täuschung hatte schon das Berufungsgericht abgelehnt. Ob das Schreiben des Beklagten als eine solche Anfechtung angesehen werden konnte, blieb dahingestellt. Eine Anfechtungserklärung setzt allerdings nicht den Gebrauch eines bestimmten Ausdrucks voraus; immerhin muß aus der Erklärung hervorgehen, daß durch sie das Rechtsgeschäft von Anfang an beseitigt werden soll. Eine Rücktrittserklärung kann nicht ohne weiteres als Anfechtung angesehen werden. Für eine Anfechtung wegen arglistiger Täuschung fehlten aber die tatsächlichen Grundlagen, da nicht feststand, daß der Bevollmächtigte des Schuldners, der die Bilanz vorlegte, deren Unrichtigkeit kannte. Auch eine Anfechtung wegen Irrtum war nicht sachlich begründet. Der Beklagte wußte, daß der Schuldner, für den er sich verbürgte, überschuldet war; er täuschte sich allerdings über das Maß der Verschuldung. Dieses ist aber keine vom Verkehr als wesentlich angesehene Eigenschaft einer Person, wenn es auch für den einzelnen Geschäftsabschluß von ausschlaggebender Bedeutung sein kann. Daß der Bürgschaftsvertrag nicht mit dem Schuldner geschlossen wurde, machte nichts aus; auch der Irrtum über

Eigenschaften einer dritten Person kann für den Inhalt und Zweck eines Vertrags von Bedeutung sein. Zur Abweisung der Klage war das Berufungsgericht aus der Erwägung gelangt, daß sowohl der Beklagte als der Vertreter des Schuldners sich über die Grundumstände geirrt hätten, die zur Bürgschaftserklärung führten. Das Reichsgericht hat es schon in einer früheren Entscheidung als nicht ausgeschlossen bezeichnet, daß auch ein Bürgschaftsvertrag derart auf bestimmten, bei Abschluß des Vertrags zutage getretenen Vorstellungen der Vertragsparteien beruhe, daß die Geltendmachung der Bürgschaftsansprüche beim Fehlen oder Wegfallen jener Grundlage gegen Treu und Glauben verstoßen würde. Es hat aber schon damals hervorgehoben. daß bei Anwendung dieses Grundsatzes auf die Bürgschaft besondere Vorsicht geboten sei, weil der Gläubiger durch die Verpflichtung des Bürgen nur ein Recht erwerben solle. In neuen Entscheidungen, in denen der Wegfall der Geschäftsgrundlage als wesentlich erklärt wurde, bildete den Gegenstand der Rechtsbeziehungen der Parteien ein Vergleich, bei dem das beiderseitige Nachgeben und die Frage, ob es in jedem Falle in den engeren Grenzen des § 779 BGB. bleiben müsse, eine besondere Rolle spielten. Es würde eine nicht tragbare Rechtsunsicherheit auf dem Gebiete des Bürgschaftsrechts eintreten, wenn man in einem Falle, in dem das Vorliegen einer arglistigen Täuschung oder eines Irrtums mit Recht verneint worden war, dem Gläubiger bei Verfolgung seines Bürgschaftsanspruchs einen Verstoß gegen Treu und Glauben vorwerfen wollte. (VI, 3. August 1938.) Amtl. Sammlg. S. 166—176. Vgl. Bd. 105 S. 206; Bd. 122 S. 200; Bd. 146 S. 376; Bd. 152 S. 403; Bd. 153 S. 356; JW. 1934 S. 2685.

25. Amtspflichtverletzung. Staatshaftung. Anderweitiger Ersatz des Schadens. (BGB. § 839.) Bei einer Turnprüfung erlitt eine Schülerin eine Verletzung. Sie klagte gegen den Kreis, der die Schule unterhielt, und gegen die in dessen Dienst stehende Aufsichtsperson auf Schadenersatz. Auf Grund eines Unfallversicherungsvertrags hatte sie 3000 RM. Entschädigung erhalten, und zwar 1000 RM. für Heilungskosten und 2000 RM. als Entschädigung für Teilinvalidität. Mit der Klage verlangte sie weitere 1500 RM. Heilungskosten und die Feststellung, daß ihr die Beklagten für allen entstandenen und noch entstehenden Schaden haftbar seien. Die Beklagten behaupteten, daß die Klägerin wieder vollständig hergestellt sei, eine Teilinvalidität also nicht in Frage komme, und daß sie sich demgemäß den ganzen

Betrag von 3000 RM. auf die Heilungskosten anrechnen lassen müsse. Das Berufungsgericht entschied, daß auf den durch Teilinvalidität entstandenen Schaden 2000 RM. anzurechnen seien. Das Reichsgericht verwies die Sache zurück. Voraussetzung für den auf die Fahrlässigkeit eines Beamten zu stützenden Klaganspruch ist, daß der Geschädigte nicht auf andere Weise Ersatz zu erlangen vermag; ob dieser Ersatzanspruch auf Gesetz oder Vertrag beruht, ist gleichgültig. Daher ist auch ein Anspruch des Geschädigten aus einem Versicherungsvertrag darunter zu rechnen; nur bei einem Lebensversicherungsvertrag liegt die Sache anders. Die Klägerin hatte demgemäß auch auf die Heilungskosten den Betrag von 1000 RM. angerechnet, dagegen die Anrechnung der ihr als Entschädigung für Teilinvalidität gezahlten 2000 RM. auf eine andere Schadensart, besonders auf die Heilungskosten, abgelehnt. Der Sinn des § 829 BGB. geht aber dahin, daß der Beamte oder die an seine Stelle tretende öffentliche Körperschaft wegen des dem Verletzten entstandenen Schadens nur insoweit soll in Anspruch genommen werden können, als der Verletzte von dritter Seite keine Entschädigung, einerlei, welcher Art, erlangen kann. Es steht zwar nichts im Wege, eine aus einem Versicherungsvertrag gewährte Entschädigung auf die vorgesehene Schadensart anzurechnen, soweit dem Verletzten ein entsprechender Schaden entstanden ist. Soweit das nicht zutrifft, muß die Anrechnung auf den gesamten, dem Verletzten tatsächlich entstandenen Schaden stattfinden. Die Klägerin brauchte sich die 2000 RM. nicht auf die Heilungskosten anrechnen zu lassen, soweit ein durch Teilinvalidität hervorgerufener Schaden bestand; soweit das nicht der Fall war, waren die 2000 RM. auf die gesamten Kosten anzurechnen. (III, 26. August 1938.)

Amtl. Sammlg. S. 176—179.

Vgl. Bd. 86 S. 286; Bd. 138 S. 209; Bd. 145 S. 56; Bd. 152 S. 20; Bd. 155 S. 166.

26. Pachtvertrag. Treupflicht. Gewerbefreiheit. (BGB. §§ 242, 581.) Eine Metzgerei wurde verpachtet. Während der Vertragsdauer erwarb der Pächter das Nachbarhaus und suchte um die Genehmigung nach, in diesem Haus die Metzgerei betreiben zu dürfen. Die Genehmigung wurde erteilt. Der Verpächter klagte auf Schadenersatz mit der Begründung, daß ihm nach Ablauf des Pachtvertrags der Betrieb der Metzgerei nicht mehr genehmigt würde. Das Berufungsgericht wies die Klage ab. Das Reichsgericht verwies die Sache zurück. Das Berufungs-

gericht hatte den Vertrag dahin ausgelegt, daß Gegenstand des Pachtvertrags nicht das Gewerbe war, sondern die Räume, in denen es betrieben wurde. Hiebei handelte es sich um eine tatsächliche Würdigung der Vereinbarung. Der Gesichtspunkt einer auf Verschulden des Beklagten beruhenden teilweisen Unmöglichkeit der Rückgabe des Pachtgegenstandes schied also aus. In Frage kam nur eine positive Vertragsverletzung des Beklagten im Sinn einer Verletzung der sich aus dem Pachtvertrag für ihn ergebenden Treupflicht. Die Beantwortung der Frage hing von den besonderen Umständen ab. Als Grundsatz muß gelten, daß es dem Pächter nicht gestattet ist, aus der Stellung heraus, die ihm der Pachtvertrag gegeben hat, dem Verpächter die Möglichkeit zu nehmen, die Pachträume künftig in der bisherigen Weise zu verwerten. Handelt er vorsätzlich oder fahrlässig dieser Unterlassungspflicht zuwider, so macht er sich schadenersatzpflichtig. Seine Beschränkung findet dieser Grundsatz aber ohne weiteres dadurch, daß es, abgesehen von besonderen Vertragsbestimmungen, entscheidend allein darauf ankommt, wie nach Treu und Glauben Rechtens ist. Dem Pächter kann es nicht verwehrt sein, ohne Rücksicht auf die Belange des Verpächters sich um die Genehmigung zur Eröffnung eines eigenen Gewerbebetriebs zu bemühen, wenn der Verpächter ihm die Fortsetzung des Pachtverhältnisses nicht oder nur unter unbilligen Bedingungen zugestehen will. Das gleiche hat auch für den Fall zu gelten, daß es sich bei dem Pächter um einen im wesentlichen von ihm selbst geschaffenen Betrieb handelt. Nach diesen Richtungen war die Sache noch zu klären. Dagegen kam es auf die Tatsache, daß dem Beklagten die Genehmigung für die Geschäftsverlegung erteilt worden war, nicht entscheidend an; hierbei stand nicht die privatrechtliche Frage zur Entscheidung, ob der Beklagte nach dem Pachtvertrag zur Verlegung des Gewerbes befugt war.
(IV, 29. September 1938.) Amtl. Sammlg. S. 180—185.
Vgl. JW. 1936 S. 1830.

27. Stiftung. Verfassung. Satzung. (BGB. §§ 81, 85.) Eine Fürsorgeerziehungsanstalt wurde im Jahre 1905 als Stiftung begründet. Vorausgegangen war ein Vertrag zwischen einer anderen Stiftung, von der die Gründung ausging, und dem Provinzialverband, wonach der Vorstand der Anstalt verpflichtet sein sollte, dem Landeshauptmann jährlich zweimal über die ihm anvertrauten Zöglinge zu berichten, dem Provinzialverband auch das Recht eingeräumt wurde, die Anstalt in eigene Verwaltung zu übernehmen, falls der Verwaltungsrat der neu zu errichtenden Stiftung seinen Vertragsverpflichtungen nicht nachkomme. In die schriftlich festgelegte Satzung der Stiftung war diese Verpflichtung nicht übernommen worden. Der Vertrag blieb auch nach Genehmigung der Stiftung wirksam, nur daß an die Stelle der anderen Stiftung die neu gegründete in ihn eintrat. Auf Grund des Vertrags verlangte der Provinzialverband die Abgabe der Verwaltung in seine Hand. Die Klage drang durch. Das Berufungsgericht hatte den Anspruch des Klägers für gerechtfertigt erklärt, weil das Recht des Klägers auf Übernahme der Anstalt in eigene Verwaltung auch satzungsgemäß festgelegt sei, es sich also nicht nur um eine vertragliche Abmachung handle, und die tatsächlichen Voraussetzungen für das in der Klage festgelegte Recht des Klägers erfüllt seien. Das Reichsgericht billigte diese Auffassung. Die Verfassung einer Stiftung wird durch das Stiftungsgeschäft bestimmt, das schriftlicher Form bedarf. Das Stiftungsgeschäft ist die auf Begründung einer Stiftung gerichtete Willenserklärung des Stifters, die einseitig, aber auch vertraglich festgelegt sein kann. Im vorliegenden Falle ließen die Gründungsvorgänge keinen Zweifel, daß der Vertrag für Organisation und Umfang der Stiftung maßgebend sein sollte; er war auch zugleich mit der Bitte um Genehmigung der Stiftung eingereicht worden. Was zur Satzung einer Stiftung gehört, bestimmt sich nicht nach dem Schriftstück, das als Satzung bezeichnet ist, sondern nach dem gesamten Inhalt des Stiftungsgeschäfts. Daß die Voraussetzungen für die Geltendmachung des vertraglich begründeten Rechtes des Provinzialverbands zur Übernahme der Verwaltung vorlagen, hatte das Berufungsgericht ohne Rechtsirrtum festgestellt. (IV, 3. Oktober 1938.) Amtl. Sammlg. S. 185—189.

Vgl. Bd. 73 S. 193.

28. **Haftpflichtversicherung. Hotelbetrieb.** (VersVertrG. § 149.) Ein Hotelbesitzer war für seinen Betrieb gegen gesetzliche Haftpflicht versichert; der Versicherungsschutz erstreckte sich nicht auf die Gefahren, die mit dem Besitz oder Betrieb von Kraftfahrzeugen aller Art und deren Lenken verbunden waren. Ein Gast beauftragte den Hausdiener, seinen Kraftwagen, der im Hof neben dem Hotel stand, in den Wagenschuppen zu bringen. Dieser setzte den Motor des Wagens in Bewegung, steuerte aber so ungeschickt, daß er einen Motorfahrer erheblich verletzte. Er besaß keinen Führerschein, war überhaupt des Fahrens unkundig. Der Verletzte erhob Klage gegen den Hotelbesitzer. Dieser verlangte von der Versicherungsgesellschaft Befreiung von dem

geltend gemachten Ersatzanspruch. Das Berufungsgericht gab der Klage statt. Das Reichsgericht wies sie ab. Auszugehen war von der Prüfung der Frage, ob der vom Verletzten gegen den Kläger erhobene Anspruch mit einem unter den Schutzbereich des Versicherungsvertrags fallenden Rechtsverhältnis begründet wurde. Das Berufungsgericht hatte den Auftrag des Gastes an den Hoteldiener als eine verkehrsübliche Inanspruchnahme eines Hotelangestellten betrachtet; dieser im wesentlichen tatsächlichen Feststellung konnte aus Rechtsgründen nicht entgegengetreten werden. Die Frage des Bestehens einer Haftung des Versicherten gegenüber dem Verletzten war auch allein in dem zwischen ihnen noch schwebenden besonderen Rechtsstreit zu klären. Seine Eigenart erhilt der vorliegende Fall dadurch, daß der mit der Einstellung des Wagens beauftragte Hausdiener sich hiezu des Kraftwagenmotors bediente, obwohl er des Fahrens unkundig war. Es fragte sich, ob der Versicherungsschutz des Klägers auch hier platzgreife. Es war ein Rechtsirrtum, daß das Berufungsgericht diesem Umstand keine Bedeutung beilegte. Allerdings ist es für den Versicherungsschutz im allgemeinen ohne Belang, ob der Schaden durch eine Überschreitung der Auftragsgrenzen und der Befugnisse des Handelnden herbeigeführt wird; immer aber setzt die Beurteilung des Sachverhalts eine klare Abgrenzung des Schutzbereichs der Versicherung voraus. Diese kann nur aus dem Inhalt des Versicherungsvertrags entnommen werden, der mangels besonderer Bestimmungen aus der Verkehrsüblichkeit und den Grundsätzen von Treu und Glauben zu ermitteln ist. Ist regelmäßig mit Hotelangestellten zu rechnen, die des Fahrens unkundig sind, so kann es vernünftigerweise weder dem Wagenbesitzer als eine Leistung des Hotels in Frage kommen, daß sich ein Hoteldiener am Getriebe des ihm fremden Wagens zu schaffen macht, noch ist daran zu denken, daß, wenn eine solche Person sich fahrend inmitten des öffentlichen Verkehrs betätigt, das eine ohne weiteres dem Hotelbetriebe zugehörige Handlung wäre. Demgemäß kann sich auch der Haftpflichtversicherungsschutz des Hotelbesitzers nur auf solche mit der Einbringung des Wagens in den Unterstellraum in Zusammenhang stehende Gefahren beziehen, die durch bloßes Hineinschieben oder ähnliche, die Anstellung des Getriebes nicht erfordernde Vorrichtungen herbeigeführt werden. Eine Ausdehnung des Schutzes auf motorische Bewegung des Kraftfahrzeugs würde eine Erhöhung oder Erweiterung des versicherten Risikos darstellen, die vereinbarungsgemäß von der

Versicherung ausgenommen zu gelten hat. (VII, 7. Oktober 1938.)
Amtl. Sammlg. S. 189—192.
Vgl. Bd. 148 S. 285.

29. Rechtsweg. Arbeitsgericht. (ZPO. §§ 528, 547, 566; ArbGG. §§ 2, 48.) In der Revision war ausgeführt, daß die Sache vor die Arbeitsgerichte gehört hätte und daß darum der Rechtsweg unzulässig sei. Das Berufungsgericht hatte diese Frage nicht geprüft, nachdem das Landgericht seine Zuständigkeit angenommen hatte und von keiner Partei hiegegen ein Einwand erhoben worden war. Das Reichsgericht entschied, daß es sich nicht um eine Frage der Unzulässigkeit des Rechtswegs, sondern um eine solche der Unzuständigkeit des angerufenen Gerichts gehandelt habe und daß sie darum in den höheren Rechtszügen nur noch unter den Voraussetzungen des § 528 ZPO. nachgeprüft werden kann. Allerdings hat der große Senat sich in einem Beschluß vom 21. Dezember 1937 dahin ausgesprochen, daß Unzulässigkeit des Rechtswegs gleichbedeutend zu betrachten sei mit Unzulässigkeit des Rechtswegs vor den ordentlichen Gerichten; für das Verhältnis zwischen den ordentlichen und den Arbeitsgerichten ist aber im § 528 ZPO. eine Sonderbestimmung getroffen, indem die Zuständigkeit des Arbeitsgerichts ausdrücklich als ein Fall der Unzuständigkeit des ordentlichen Gerichts, nicht als ein solcher der Unzulässigkeit des Rechtswegs behandelt ist. (III, 23. September 1938.) Amtl. Sammlg. S. 193—195.
Vgl. Bd. 156 S. 279.

30. Berufungsfrist. Wiedereinsetzung in den vorigen Stand. Sorgfaltspflicht des Anwalts. (ZPO. §§ 232, 518.) Die Frist für die Begründung der Berufung lief vom 30. Juni bis zum 30. Juli 1938. Am 6. Juli wurde die Berufung als unzulässig verworfen. Das Reichsgericht hob den Beschluß auf. Damit war die Rechtswirksamkeit der Verwerfung weggefallen; es war so anzusehen, als ob der Beschluß nicht erlassen worden wäre. Der Vertreter des Klägers brachte innerhalb der Frist eine Begründung der Berufung nicht nach. Als aus diesem Grunde die Berufung wieder verworfen wurde, vertrat er die Auffassung, durch den Beschluß vom 6. Juli sei die Frist für die Begründung der Berufung unterbrochen worden. Das erklärte das Reichsgericht für rechtsirrig. Es würde bei einer solchen Auffassung jeder Anhalt dafür fehlen, von welchem Zeitpunkt an die Frist wieder laufen sollte, sei es als neue Frist, sei es als Fortsetzung der alten Frist. Will der Anwalt die Berufung wegen des Verwerfungsbeschlusses nicht in der an sich gegebenen Frist begründen und erst das Ergebnis einer sofortigen Beschwerde abwarten, so steht ihm zur Vermeidung von Rechtsmitteln der Weg offen, die Verlängerung der Frist zu beantragen. Der Anwalt hatte auch um Wiedereinsetzung in den vorigen Stand gebeten. Das Berufungsgericht hatte das Gesuch abgelehnt, weil er nicht die erforderliche Sorgfalt habe walten lassen. Er hatte sich darauf berufen, daß ihm die Akten nicht vorgelegt worden seien, obwohl er angeordnet hatte, daß im Falle der Einlegung einer Berufung drei Fristen in den Kalender einzutragen seien: der Tag des Ablaufs der Begründungsfrist, 5 Tage vorher, 14 Tage vorher. Seine Bürovorsteherin hatte die Vorlegung unterlassen, weil sie irrtümlich angenommen hatte, daß die Berufungsschrift schon die Berufungsbegründung enthalte. Die Akten waren aber während des Laufes der Frist dem Rechtsanwalt aus einem anderen Grunde vorgelegt worden. Es war ihm nicht zuviel zugemutet, wenn von ihm verlangt wurde, daß er bei dieser Gelegenheit die nur aus wenigen Blättern bestehenden Akten darauf durchsah, ob nicht eine Frist zu wahren sei, zumal seine Bürovorsteherin noch jugendlich und seit kurzer Zeit bei ihm eingestellt war. (VII, 27. September 1938.) Amtl. Samml. S. 195—198.

31. Ehescheidung. Ausschluß von Scheidungsgründen. (BGB. § 1568; ZPO. § 616; EheG. vom 6. Juli 1938 §§ 49, 93, 94.) Im April 1937 erhob eine Frau Scheidungsklage wegen ehewidrigen Verhaltens ihres Mannes. Die letzte Verhandlung vor dem Landgericht fand am 24. Mai 1937 statt. Die Klage wurde abgewiesen. Die von der Frau eingelegte Berufung wurde als unzulässig verworfen, weil die Zahlung der Prozeßgebühr innerhalb der gesetzten Frist nicht nachgewiesen wurde. Nun erhob der Mann Scheidungsklage wegen ehewidrigen Verhaltens der Frau. Das Landgericht wies sie ab; das Berufungsgericht gab ihr am 25. April 1938 statt, erklärte aber die Revision für zulässig. Das Reichsgericht verwies die Sache zurück. Der Entscheidung war das Ehegesetz vom 6. Juli 1938 zugrunde zu legen, obwohl dieses erst nach dem Erlaß des Berufungsurteils in Kraft getreten war. Nach bisherigem Recht konnte die Scheidungsklage nicht auf Tatsachen gestützt werden, die der Kläger in einem früheren Verfahren im Wege einer Widerklage hätte vorbringen können. Maßgebend war der Tag der letzten Verhandlung vor dem Landgericht. Gegen das Urteil konnte der Kläger keine Berufung einlegen; der Berufung seiner Frau hätte er sich allerdings anschließen können, doch bestand hierzu für ihn kein Zwang und konnte die Unterlassung die Ausschlußwirkung nicht zur Folge haben. Auf Tatsachen, die nach der letzten Verhandlung vor dem Landgericht lagen. konnte also die Klage gestützt werden. Diese Rechtslage ist aber durch das neue Ehegesetz wesentlich geändert worden. Nach diesem kann Scheidung verlangt werden, wenn der andere Ehegatte durch eine schwere Eheverfehlung die Ehe schuldhaft so tief zerrüttet hat, daß die Wiederherstellung einer der Ehe entsprechenden Lebensgemeinschaft nicht erwartet werden kann. Der Unterschied gegenüber dem bisherigen Recht besteht im wesentlichen darin, daß an Stelle des Begriffs der Zumutung, der die Belange der beteiligten Ehegatten in den Vordergrund stellte, der Begriff der sittlichen Rechtfertigung des Scheidungsverlangens getreten ist. Demnach ist die Scheidung namentlich dann abzulehnen, wenn der Scheidungskläger selbst eine Verfehlung begangen hat, die sein Scheidungsbegehren bei richtiger Würdigung des Wesens der Ehe sittlich nicht gerechtfertigt erscheinen läßt. Diese Vorschrift ist auch dann anzuwenden, wenn es sich um Verfehlungen des Scheidungsklägers handelt, auf die der andere Ehegatte eine Scheidungsklage wegen Fristablaufs oder prozeßrechtlichen Ausschlusses nicht mehr stützen könnte. Die beklagte Ehefrau konnte also auch auf Verfehlungen ihres Ehemanns zurückgreifen, die sie schon im früheren Rechtsstreit hätte geltend machen können. (IV, 3. Oktober 1938.) Amtl. Sammlg. S. 199—204.

32. Aufrechnung. Vorbehaltsurteil. Nachverfahren. (BGB. §§ 387, 394, 843; ZPO. §§ 302, 318, 767, 850.) Ein Strafgefangener erlitt bei einer ihm aufgetragenen Arbeit einen Unfall. Er klagte gegen das Deutsche Reich auf Schadenersatz und Schmerzensgeld. Das Landgericht erkannte die Ansprüche als gerechtfertigt an. Im zweiten Rechtsgang rechnete das beklagte Reich mit einem Zahlungsanspruch aus der Strafvollstreckung auf. Das Berufungsgericht stellte fest, daß das Reich dem Kläger allen schon entstandenen und noch entstehenden Schaden zu ersetzen habe, soweit dessen Ansprüche nicht auf den Träger der Arbeitslosenversicherung übergegangen waren; das Urteil erging unter Vorbehalt der Entscheidung über die Aufrechnung. Zur weiteren Verhandlung über den Betrag der Ansprüche wurde der Rechtsstreit an das Landgericht zurückverwiesen. Der Rechtsstreit teilte sich hiernach in das Betragsverfahren vor dem Landgericht und in das Nachverfahren über die Aufrechnung vor dem Berufungsgericht. Das Landgericht sprach dem

Kläger ein Schmerzensgeld von 1200 RM. zu; es ging davon aus, daß der Aufrechnungsvorbehalt den Schmerzensgeldanspruch nicht berühre. Das Berufungsgericht wies den Schmerzensgeldanspruch als durch Aufrechnung getilgt ab, hob aber seinen Aufrechnungsvorbehalt gegenüber dem festgestellten Schadenersatzanspruch auf, weil diesem Anspruch gegenüber eine Aufrechnung unzulässig sei. Das Reichsgericht verwies die Sache zurück. Hat das Gericht durch den Erlaß des Vorbehalturteils über die Zulässigkeit der Aufrechnung in bejahendem Sinn entschieden, so kann es später im Nachverfahren die Zulässigkeit nicht mehr leugnen, auch wenn es seine frühere Entscheidung nicht mehr für richtig hält. Hat aber das Gericht (mit Recht oder Unrecht) den Vorbehalt ohne Prüfung der Zulässigkeit der Aufrechnung gemacht, so geht es nicht an, allein aus der Tatsache des Vorbehalts eine im Nachverfahren für das Gericht unabänderliche Entscheidung der Zulässigkeitsfrage im Sinne ihrer Bejahung zu entnehmen. Die Gegenmeinung könnte zu dem nicht vertretbaren Ergebnis führen, daß eine unzulässige Aufrechnung ohne Prüfung und Entscheidung der Zulässigkeitsfrage schon kraft eines lediglich der Beschleunigung der Entscheidung willen gemachten Vorbehalts der Entscheidung zulässig geworden wäre. Kam das Berufungsgericht im Nachverfahren zu der Überzeugung, daß die Aufrechnung unzulässig sei, so durfte es den Vorbehalt streichen und den Beklagten vorbehaltlos verurteilen. Eine Unzulässigkeit der Aufrechnung hatte das Berufungsgericht schon daraus gefolgert, daß gegenüber einem Feststellungsanspruch, der ziffermäßig nicht zu begrenzen ist, eine Aufrechnung nicht möglich sei; der Anspruch sei noch so unbestimmt, daß der Schuldner ihn nicht erfüllen könne. Dieses Bedenken erklärte das Reichsgericht jedenfalls für den schon entstandenen und berechenbaren Vergangenheits- und Gegenwartsschaden für unhaltbar. Das Reich lief auch Gefahr, mit seiner Aufrechnung im Vollstreckungsverfahren zurückgewiesen zu werden, wenn es sie nicht schon dem Feststellungsbegehren der jetzt erhobenen Klage entgegenhielt. Der Kläger hatte in seinen Schaden allerdings auch seinen Verdienstausfall einbezogen; insoweit handelte es sich um eine unpfändbare Rente, der gegenüber eine Aufrechnung allerdings nicht zulässig war. Das rechtfertigte aber nicht die volle Streichung des Aufrechnungsvorbehalts. (V, 3. Oktober 1938.)

Amtl. Sammlg. S. 204—210.
Vgl. Bd. 132 S. 20.

33. Vergütungsvereinbarung. Vergleich. Übernahme fremder Verpflichtungen. Vormundschaftsgerichtliche Genehmigung. (BGB. §§ 779, 1822.) Gegen einen Kaufmann wurde auf Antrag seiner Kinder das Entmündigungsverfahren durchgeführt. Die Anwälte, welche hiebei die Kinder vertraten, führten in der Folge mehrere Rechtsstreite im Auftrage der Vormünder. Diese bewilligten ihnen ein Pauschalhonorar von 30000 RM. und zahlten es ihnen aus. Nach dem Tode des Mündels klagten die Anwälte auf weitere Vergütungen. Die Erben vertraten die Auffassung, daß durch das Pauschalhonorar die ganze Tätigkeit der Kläger abgegolten sei. Es fragte sich, ob für diese Vereinbarung die vormundschaftsgerichtliche Genehmigung notwendig gewesen wäre. Das Reichsgericht verneinte die Frage. Sollte die Vereinbarung einen Vergleich darstellen, so mußte sie zwei Voraussetzungen erfüllen: die Absicht der Parteien mußte dahin gegangen sein, einen Streit oder eine Ungewißheit über ein Rechtsverhältnis zu beseitigen, und die Beseitigung mußte im Wege gegenseitigen Nachgebens erfolgt sein. Die erste Voraussetzung war gegeben, da Ungewißheit sowohl darüber bestand, wie hoch sich die gesetzlichen Vergütungen für die Dienste der Kläger stellten, als auch darüber, ob gewisse Dienstleistungen besonders zu vergüten waren. Das Berufungsgericht hatte auch ein gegenseitiges Nachgeben für erwiesen angenommen. Diese Auffassung teilte das Reichsgericht nicht. Ein gegenseitiges Nachgeben liegt nur vor, wenn beide Parteien von ihrem persönlichen Standpunkt aus, also bewußt, ein wirkliches oder vermeintliches Opfer zum Zweck der Einigung gebracht haben; es muß jede Partei einen für sie selbst günstigen Standpunkt gegenüber der anderen irgendwie hervorgekehrt und erkennbar ganz oder teilweise aufgegeben haben. Nach den Feststellungen des Berufungsgerichts hatten die Vormünder gefürchtet, die Ansprüche der Kläger könnten die Pauschalvergütung übersteigen, hatten aber anderseits auch damit gerechnet, daß sie in Wirklichkeit dahinter zurückbleiben könnten; sie hatten deshalb von Aufstellung einer neuen Berechnung angesehen und die geforderte, vielleicht zu hohe, Vergütung bewilligt. Die Vormünder hatten also einen Standpunkt, von dem aus sie etwas hätten nachlassen können, überhaupt nicht eingenommen; ein erkennbares Nachgeben auf ihrer Seite war nicht nachgewiesen. Ob die Kläger mit der Vereinbarung ein Opfer gebracht hatten, brauchte hiernach nicht geprüft zu werden. Durch das Abkommen sollten auch Gebühren abgegolten werden, die ein Sohn des Mündels den Klägern für seine Vertretung im Entmündigungsverfahren schuldig geworden war. Das Berufungsgericht hatte hierin die Übernahme einer fremden Verbindlichkeit gesehen und auch hiewegen die vormundschaftsgerichtliche Genehmigung für notwendig erachtet. Das Reichsgericht teilte diese Auffassung auch insoweit nicht, als es sich dabei um Kosten handelte, deren Ersatz aus dem Vermögen des Mündels nicht hätte verlangt werden können. Das Gesetz kennt als Beispiel der Übernahme einer fremden Verbindlichkeit die Bürgschaft. Schon das deutet darauf hin, daß es nur solche Fälle im Auge hat, in denen eine Verbindlichkeit als fremde übernommen wird; dafür ist wesentlich, daß der Übernehmer der Verbindlichkeit nur hinter oder neben dem eigentlichen Schuldner haftet oder doch wenigstens ein Rückgriffsrecht gegen diesen behält. Will der Vormund eine Verbindlichkeit nicht als fremde, sondern als eigene Schuld des Mündels, also endgültig und ohne Vorbehalt des Rückgriffs erfüllen, so ist damit ein Wagnis, wie es die trügerische Hoffnung, von dem befreiten Schuldner Ersatz zu erlangen, enthalten würde, nicht verbunden; die wirtschaftliche Folge der Übernahme liegt klar zutage. Das Erfordernis der vormundschaftsgerichtlichen Genehmigung ist aber eben darin begründet, daß die Mündel vor der Gefahr bewahrt bleiben sollen, die mit einem Eintreten für andere verbunden ist, weil dieses sich in seinen Folgen nicht übersehen läßt. (III, 21. Januar 1938.)

Amtl. Sammlg. S. 210—216.

Vgl. Bd. 133 S. 7.

34. Krankenkasse. Zahnärzte. Einzeldienstvertrag. Kündigung. (BGB. § 626; VO. vom 27. Juli 1933 [9. Mai 1935] § 1; VertrO. vom 27. August 1935 § 4.) Zwischen einer Ortskrankenkasse und einem Dentisten war ein Einzeldienstvertrag abgeschlossen worden, wonach der Dentist dem Bezirksvertrag beitrat. Die Kasse kündigte den Vertrag aus wichtigem Grunde fristlos, ohne aber die Zulassung des Dentisten zu widerrufen. Das Reichsgericht erklärte das für zulässig. Allerdings bedeutet die Zulassung die Berechtigung zum Abschluß eines Dienstvertrags mit jeder beteiligten Kasse; es sind aber Umstände denkbar, die zwar eine Fortsetzung des Einzeldienstvertrags mit einer einzelnen Kasse als unzumutbar erscheinen lassen, aber doch keinen ausreichenden Grund für eine Entziehung der Zulassung überhaupt abgeben. (III, 4. Oktober 1938.)

Amtl. Sammlg. S. 217—219.

35. Zwangslizenz. Kosten. (PatG. §§ 40, 42.) Wegen Patentverletzung wurde Klage erhoben. Die beklagte Firma erwiderte mit einer Klage auf Erteilung einer Zwangslizenz. Das Patentamt erteilte eine solche nur für Lieferungen nach dem Ausland. Beide Parteien legten Berufung ein. Die Klage wegen Patentverletzung wurde abgewiesen. Darauf erklärte im Verfahren wegen Erteilung einer Zwangslizenz die Klägerin die Hauptsache für erledigt und beantragte, die beklagte Firma in die Kosten des Verfahrens zu verurteilen. Die beklagte Firma erwiderte, daß die Zwangslizenzklage durch die Entscheidung im Verletzungsstreit nicht erledigt worden sei, daß also eine Zurücknahme der Klage vorliege und die Klägerin die Kosten zu tragen habe. Das Reichsgericht gabe dem Antrage der Klägerin statt. Durch die Entscheidung im Verletzungsstreit war die Klägerin in die Lage versetzt, die Waren, auf die sich das Patent bezog, auch ohne Erlaubnis der beklagten Firma herzustellen. Sie hatte damit erreicht, was sie mit der Lizenzklage erstrebte. Zu prüfen war aber, wie über die Lizenzklage zu entscheiden gewesen wäre, wenn die Erledigung nicht eingetreten wäre. Das Patentamt hatte die Lizenz für Inlandslieferungen versagt, weil die Versorgung des Inlandsmarktes schon durch andere, von der beklagten Firma erteilte Lizenzen gesichert war. Daß die Erteilung einer Inlandslizenz an die Klägerin im öffentlichen Interesse liege, war nicht dargetan. Auch wenn die Klägerin ohne Erteilung der Inlandslizenz ihren Betrieb hätte einstellen müssen, wäre ein öffentliches Interesse nicht anzunehmen gewesen. Die Erteilung der Zwangslizenz für Auslandslieferungen hatte das Patentamt damit begründet, daß die Klägerin alte Geschäftsverbindungen mit ausländischen Abnehmern habe und daß durch Erteilung der Lizenz die Gesamtarbeit vermehrt werde. Nun war aber durch Sachverständige festgestellt worden, daß die Klägerin, wenn sie auf den Auslandsabsatz beschränkt worden wäre, ihren Betrieb nicht hätte aufrecht erhalten können. Es entstand also die Frage, ob nicht unter solchen Umständen geboten war, der Klägerin auch die Zwangslizenz für den Inlandsabsatz zu gewähren. Abschließend brauchte die Frage nicht beantwortet zu werden, weil der Antrag der Klägerin schon aus einem anderen Gesichtspunkt als begründet anzuerkennen war. Die beklagte Firma hatte die Klägerin mit einer Klage wegen Verletzung des Patents überzogen, die sich als unbegründet herausstellte. Dadurch war die Klägerin in die Zwangslage versetzt worden, die Zwangslizenzklage zu erheben auf die

Gefahr hin, daß sich diese bei ihrem Obsiegen in der Verletzungsklage als unnötig erwies. Die Billigkeit gebot, der Beklagten die Kosten aufzuerlegen. (I, 14. Oktober 1938.)

Amtl. Sammlg. S. 219—222.

36. Zuständigkeit. Verweisung. (ZPO. §§ 36, 276.) Ein Vater klagte gegen seine beiden Söhne vor dem Amtsgericht L. auf Zahlung von Unterhalt. Der eine Sohn, der nicht im Bezirk des Gerichts wohnte, machte dessen örtliche Unzuständigkeit geltend. Der Kläger stellte daraufhin den Antrag, das Amtsgericht L. als zuständiges Gericht zu bestimmen. Dem Antrag wurde stattgegeben. An der früher vertretenen Auffassung, daß eine solche Zuständigkeitsbestimmung nicht mehr zulässig sei, wenn die Klage schon erhoben ist, hielt das Reichsgericht nicht mehr fest; es erklärte auch für gleichgültig, ob die Einrede der Unzuständigkeit geltend gemacht ist. Das Interesse einer vor einem unzuständigen Gericht verklagten Partei, die Unzuständigkeit geltend machen zu dürfen, muß hinter den Zweckmäßigkeitserwägungen zurücktreten, die für die Bestimmung des zuständigen Gerichts durch das gemeinsame höhere Gericht sprechen. Nur wenn eine Verweisung an das zuständige Gericht erfolgt ist, ist für eine Zuständigkeitsbestimmung kein Platz mehr. (IV, 17. Oktober 1938.) Amtl. Sammlg. S. 222—223.

Vgl. Bd. 115 S. 372.

37. Eheaufhebungsklage. (EheG. vom 6. Juli 1938 §§ 40, 84, 90, 91, 93, 129.) Eine Klage auf Eheanfechtung, hilfsweise auf Ehescheidung, wurde am 15. April 1937 zugestellt. Die Beklagte beantragte Abweisung der Klage mit der Begründung, daß der Kläger schon am 5. Oktober 1936 von den Tatsachen, auf welche die Anfechtungsklage gestützt war, Kenntnis erlangt habe; im übrigen bestritt sie die Klagebehauptungen. Das Landgericht wies die Anfechtungsklage als verspätet, die Scheidungsklage als unbegründet ab. Die Berufung des Klägers blieb erfolglos. Die Revision, mit der Aufhebung der Ehe nach dem neuen Ehegesetz beantragt wurde, führte zur Zurückverweisung. Das Ehegesetz war nach Erlassung des Berufungsurteils in Kraft getreten, aber für die Entscheidung des Revisionsgerichts anzuwenden. Die bisherige Anfechtungsklage mit einer Frist von sechs Monaten ist durch dieses Gesetz durch eine Aufhebungsklage mit einer Frist von einem Jahr ersetzt. Innerhalb dieser Frist war die Anfechtungsklage erhoben. Das Berufungsgericht hatte die vom Kläger geltend gemachten Aufhebungsgründe sachlich zu prüfen und gegebenenfalls auch zu der vom Kläger hilfsweise erhobenen Scheidungsklage auf Grund des neuen Gesetzes anderweit Stellung zu nehmen. (IV. 20. Oktober 1938.)

Amtl. Sammlg. S. 223—225.

38. Offene Handelsgesellschaft. Liquidation. Firmenverkauf. Rechtsmißbrauch. (BGB. §§ 133, 157, 226, 242; HGB. §§ 22, 146.) Eine aus zwei Gesellschaftern bestehende offene Handelsgesellschaft trat in Liquidation. Als Liquidator wurde zunächst der eine Gesellschafter tätig; infolge von Streitigkeiten mit dem anderen Gesellschafter trat er zurück. Da der andere Gesellschafter behauptete, Schadenersatz verlangen zu können, erhob der als Liquidator tätig gewesene Gesellschafter Feststellungsklage, daß solche Ansprüche nicht begründet seien. Der andere Gesellschafter verlangte mit Widerklage Verurteilung des Klägers zur Zahlung von 6100 RM. Das Landgericht erklärte den Klaganspruch in der Hauptsache für erledigt und verurteilte den Kläger zur Zahlung von 4500 RM. nebst Zinsen. Beide Teile legten Berufung ein. Das Berufungsgericht wies die Widerklage ab. Das Reichsgericht verwies die Sache zurück. Die Widerklage war vor allem darauf gestützt, daß der Kläger entgegen der ihm als Gesellschafter und Liquidator obliegenden Pflicht sich geweigert habe, bei einem Verkauf des Gesellschaftsunternehmens im Ganzen mitzuwirken. Das Berufungsgericht hatte angenommen, daß der Kläger als Liquidator verpflichtet gewesen sei, eine ihm sich bietende Möglichkeit zu einer Veräußerung des Unternehmens im Ganzen auszunutzen, daß er aber als Gesellschafter berechtigt gewesen sei, die Zustimmung zu einer Veräußerung des Unternehmens mit der Firma zu verweigern. Es habe sich um eine Firma gehandelt, die seit mehr als hundert Jahren im Familienbesitz sei; dem Kläger könne in Anbetracht seiner Verdienste um das Geschäft nicht zugemutet werden, sein und seiner Familie Fortkommen dadurch zu erschweren, daß er den Firmennamen einem Fremden ausliefere. Das Reichsgericht trat diesen Ausführungen nicht völlig bei. Der Erwerber eines Handelsgeschäfts darf die bisherige Firma nur fortführen, wenn der bisherige Geschäftsinhaber oder seine Erben das ausdrücklich bewilligen. Soweit eine offene Handelsgesellschaft in Frage steht, ist die Einwilligung aller Gesellschafter erforderlich, auch wenn die Gesellschaft aufgelöst und in Liquidation befindlich ist, gleichviel, ob der Name des einen oder des anderen oder aller Gesellschafter in der Firma enthalten ist oder nicht. Wenn auch die Firma unter Umständen einen erheblichen Vermögenswert darstellt, weil sie den Wert des unter ihr betriebenen Unternehmens wesentlich mitbestimmt, ist sie darum doch kein Vermögensrecht. Sie bildet den Handelsnamen des Kaufmanns und erfüllt insoweit auf dem Gebiete des kaufmännischen Verkehrs die Aufgabe, die im allgemeinen Rechtsverkehr dem bürgerlichen Namen zufällt. So wenig der Konkursverwalter ohne Einwilligung des Gemeinschuldners dem Erwerber des Geschäfts das Recht zur Führung der Firma überlassen kann, so wenig kann der Liquidator ohne Zustimmung der Gesellschafter über deren Firmenrecht verfügen. Der Gesellschafter ist in seiner Entschließung, ob er einer Übertragung des Firmenrechts beistimmen will, grundsätzlich frei, steht aber nicht außerhalb der rechtlichen Beziehungen, durch welche die Gesellschafter vermöge des Gesellschaftsverhältnisses untereinander verbunden sind. Auch bei grundsätzlicher Freiheit in der Erteilung oder Versagung seiner Einwilligung konnte der Kläger verpflichtet gewesen sein, einer Übertragung der Firma zuzustimmen, wenn sich aus dem Gesellschaftsvertrag, sei es kraft ausdrücklicher Bestimmung, sei es bei einer den Grundsätzen der §§ 133, 157 BGB. entsprechenden Auslegung, eine dahingehende Bindung ergab. Bei einer schuldhaften Verletzung dieser Pflicht blieb Raum für eine Klage auf Schadenersatz. Daß der Kläger die Liquidation allein zu besorgen hatte, änderte nichts daran, daß er die damit verbundene Tätigkeit auf Grund seiner gesetzlichen Berufung als Gesellschafter ausübte. Auch wenn aus dem Gesellschaftsvertrag eine Verpflichtung des Klägers, einer Übertragung der Firma zuzustimmen, sich nicht ableiten ließ, konnte sich eine Schadenersatzpflicht daraus ergeben, daß in der Verweigerung ein Rechtsmißbrauch nach den Grundsätzen der §§ 226, 242 BGB. zu erblicken war. Auf persönliche Verhältnisse und etwaige Verdienste um das Geschäft könnte eine Verweigerung der Zustimmung nicht gestützt werden. Soweit aber eine Haftung des Klägers dafür, daß er als Gesellschafter in eine Übertragung der Firma nicht einwilligte, zu verneinen war, entfiel auch ohne weiteres die Möglichkeit, ihn deswegen in Anspruch zu nehmen, weil er sich als Liquidator nicht um einen Verkauf des Geschäfts mit der Firma bemüht hatte. (II, 14. September 1938.) Amtl. Sammlg. S. 226—235. Vgl. Bd. 65 S. 382; Bd. 74 S. 378; JW. 1924 S. 294.

39. Beamtenansprüche. Verwirkung. (RVerf. Art. 131; BGB. §§ 242, 278, 618, 839.) Ein Zollbeamter erlitt im Jahr 1909 dadurch einen Unfall, daß vom Dach des Hauses, in dem seine Dienstwohnung untergebracht war, ein Ziegel herabfiel und ihn verletzte. Im Jahr 1918 erstritt er gegen den Eigentümer des Hauses ein Urteil auf Schadenersatz; nachdem dieser im Jahr 1924 gestorben war, verfolgte er den Anspruch nicht weiter. Ende 1927 erkrankte er; mit Wirkung vom 1. Oktober 1928 wurde er in den Ruhestand versetzt. Im Jahr 1936 trat er an das Deutsche Reich mit dem Verlangen heran, ihn wegen der Nachteile aus dem Unfall schadlos zu halten. Das Landgericht wies die Klage ab mit der Begründung, daß der Kläger, auch wenn ihm ein Anspruch der geltend gemachten Art zugestanden wäre, diesen durch sein langes Zuwarten verwirkt hätte. Das Reichsgericht verwies die Sache zurück. Der Rechtsbehelf der Verwirkung ist vom Reichsgericht für das Gebiet der freien Aufwertung entwickelt worden. Da die Pflicht des Aufwertungsschuldners, über den vereinbarten Papiermarkbetrag hinaus eine Zahlung in geltender Währung vorzunehmen, durch den Inhalt seiner Verbindlichkeit gefordert wurde, wie dieser unter dem Gesichtspunkt von Treu und Glauben herauszustellen war, so bestand anderseits die Möglichkeit, daß unter bestimmten Voraussetzungen derselbe Grund den Gläubiger hindern mußte, eine nicht oder nicht voll erfüllte Verbindlichkeit weiter geltend zu machen. Der Einwand der Verwirkung wurde dann weiter auch bei Ansprüchen aus dem Arbeitsrecht oder dem Recht des gewerblichen Rechtsschutzes zugelassen, auch auf jenem des Rechts der Schuldverhältnisse überhaupt; doch wurde die Rechtswirkung auf Ausnahmefälle beschränkt, die eigentümliche Sonderheiten in Hinsicht auf das Verhalten des Berechtigten bieten. Eine Verwirkung von Ansprüchen, die dem öffentlichen Recht angehören, ist nicht schlechthin ausgeschlossen. Das Beamtenrecht wird seiner Natur nach in erheblichen Teilen von einer größeren Formenstrenge beherrscht als andere Rechtsgebiete. Das muß zur Ausschaltung von Forderungen führen, die sich aus der Berücksichtigung allgemeiner Gesichtspunkte ergeben, wie diese für das Gebiet des bürgerlichen Rechts § 242 BGB. darbietet. In anderen Teilen aber ist auch das Beamtenrecht schon mit Rücksicht auf die Gebote einerseits der Treue, anderseits der Fürsorge, von denen es beherrscht wird, Gesichtspunkten dieser Art keineswegs verschlossen. Das Reichsgericht hat in ständiger Rechtsprechung daran festgehalten, daß eine Verwirkung von Gehaltsansprüchen, etwa durch Hinnahme einer unwirksamen Dienstentlassung, in aller Regel nicht möglich ist, da dies durch die formbestimmte Natur der Akte, von denen die Entstehung und die Beendigung des Beamtenverhältnisses hervorgerufen werden, in Verbindung mit der Gewährleistung der Beamtenbezüge unmittelbar durch das Gesetz ausgeschlossen werde. Diese Folgerung ist aber nicht schlechthin für alle vermögensrechtlichen Ansprüche aus dem Beamtenverhältnis zu ziehen. Zumal bei der Pflicht der Vorgesetzten zur Fürsorge für die Beamten und bei der Abwendung, Minderung oder Ausgleichung der Schäden, die aus Vorkommnissen oder Verhältnissen hervorgehen, die möglicherweise eine Verletzung dieser Pflicht enthalten, muß die Beurteilung begrifflichen Zusammenhängen höchst allgemeiner Art entnommen werden und kann die Rechtsgestaltung schon wegen der Vielfältigkeit des Lebens nicht, wie die Entstehung oder Beendigung des Beamtenverhältnisses, einer in äußere Formen eingeschlossenen Regelung unterworfen sein. Es handelt sich insoweit um Beziehungen, deren sachgemäße Abwicklung nur möglich ist, wenn beide Teile ihr Verhalten dem Gebote gegenseitiger Rücksichtnahme unterstellen, wie das § 242 BGB. für das bürgerliche Recht verlangt. Die Möglichkeit, daß ein Beamter der Ansprüche, die ihm aus Verletzung der Fürsorgepflicht oder der Amtspflicht seiner Vorgesetzten erwachsen sind, durch Verwirkung verlustig geht, ist hiernach nicht grundsätzlich ausgeschlossen. Im vorliegenden Falle genügten aber die vom Landgericht getroffenen Feststellungen nicht, um die Voraussetzungen für diese Rechtswirkung als gegeben anzunehmen. Neben dem Anspruch des Klägers gegen den Hauseigentümer stand von vornherein sein Anspruch gegen das Reich aus Verletzung der Fürsorgepflicht; dessen Bestand war davon, ob der Kläger seine Ansprüche gegen den Hauseigentümer durchsetzen konnte, unabhängig. Das angefochtene Urteil hatte nicht festgestellt, daß der Kläger diesen Anspruch nicht geltend machte, obwohl ihm bekannt war, daß er ihn erheben konnte, und obwohl er dazu auch in der Lage war. Der Kläger hatte nichts unternommen, um bei seiner vorgesetzten Dienstbehörde die Vorstellung zu erwecken oder zu nähren, daß er sich einen solchen Anspruch nicht zuschreibe oder nicht gesonnen sei, ihn geltend zu machen. Daß er bei seiner Versetzung in den Ruhestand es unterließ, darauf hinzuweisen, daß seine Dienstunfähigkeit auf den Unfall zurückzuführen sei, ließ sich aus dem Unterordnungsverhältnis, in dem er sich zu seiner vorgesetzten Stelle befand, erklären. Es war auch nicht zu ersehen, daß Belange des Deutschen Reiches dadurch, daß der Kläger die Geltendmachung des Anspruchs verzögerte, verletzt oder auch nur gefährdet wurden. (III, 19. September 1938.)

Amtl. Sammlg. S. 235—242.

Vgl. Bd. 86 S. 286; Bd. 108 S. 128; Bd. 113 S. 78; Bd. 125 S. 295; Bd. 126 S. 243; Bd. 139 S. 343; Bd. 141 S. 385; Bd. 144 S. 22; Bd. 155 S. 148; JW. 1932 S. 484, 491; 1935 S. 1617, 1841; 1937 S. 610.

40. Beamtenansprüche. Vorbescheid. Anwendung früheren Rechts. (DBeamtG. 1937 §§ 142, 182, 184.) Gegen eine preußische Gemeinde wurde eine Klage auf Zahlung von Ruhegehalt erhoben. Nachdem der Rechtsstreit zur Erwirkung eines Vorentscheides der Verwaltungsbehörde ausgesetzt worden war, erging am 25. September 1936 ein Beschluß des zuständigen Landrats, durch den das Ruhegehalt festgesetzt wurde. Der Beschluß wurde von keiner Seite angefochten. Die Gemeinde erhob Widerklage auf Feststellung, daß sie zur Gewährung von Ruhegehalt nicht verpflichtet sei. Das Landgericht wies Klage und Widerklage wegen Unzulässigkeit des Rechtswegs ab. Das Reichsgericht verwies die Sache zurück. Die Entscheidung des Landrats genügte nach früherem Recht für die Eröffnung des Rechtswegs. Nach § 143 des deutschen Beamtengesetzes, das während des Rechtsstreits in Kraft trat, ist aber ein Vorbescheid der oberen Aufsichtsbehörde (hier des Regierungspräsidenten) erforderlich. Das Landgericht hatte angenommen, daß es einer nachträglichen Herbeiführung eines Bescheides des Regierungspräsidenten nicht bedürfe, weil der durch den nicht angefochtenen Beschluß des Landrats herbeigeführte Rechtszustand auch vom Regierungspräsidenten nicht mehr abgeändert werden könne. Es hatte aber die Zulässigkeit des Rechtswegs deshalb abgelehnt, weil nach neuem Recht gegen die Verwaltungsentscheidung dem Dienstherrn der Rechtsweg überhaupt nicht, dem Beamten aber nur dann zusteht, wenn der Anspruch abgelehnt ist. Auch das Reichsgericht war der Auffassung, daß § 143 DBeamtG. schon mit dem Gesetz in Kraft getreten und nicht bis zur Errichtung des Reichsverwaltungsgerichts hinausgeschoben worden ist; dagegen entschied es, daß die Vorschrift auf Rechtsstreitigkeiten, die schon vorher anhängig gemacht worden waren, keine Anwendung finde. Zum § 143 DBeamtG. ist eine Durchführungsvorschrift ergangen, die eine Übergangsregelung enthält. Hiernach soll, wenn beim Inkrafttreten des deutschen Beamtengesetzes eine Klage wegen vermögensrechtlicher Ansprüche nicht mehr zulässig ist, es dabei sein Bewenden haben; andernfalls sollen auch für diese Ansprüche die Vorschriften des § 143 gelten. Für die Fälle, in denen im Zeitpunkt des Inkrafttretens des Gesetzes schon eine nach den Vorschriften des bisherigen Rechts zulässige Klage erhoben war, ist in der Übergangsregelung keine Bestimmung getroffen. Daraus ist zu folgern, daß auf solche Klagen die neuen Vorschriften keine Anwendung finden. Die Weiteranwendung der bisherigen Vorschriften widerspricht auch nicht etwa Sinn und Zweck des neuen Rechts. Wenn heute anderen Behörden die Vorentscheidung übertragen worden ist, kann daraus nicht gefolgert werden, daß früheren Entscheidungen anderer im Rahmen ihrer Zuständigkeit tätig gewordenen Verwaltungsbehörden die ihnen bis dahin zukommende Bedeutung genommen werden sollte. Die Entscheidung über die Zulässigkeit der Klage und Widerklage war also nach altem Recht zu treffen. (III, 27. Mai 1938.)

Amtl. Sammlg. S. 242—248.
Vgl. Bd. 122 S. 94.

41. Aktiengesellschaft. Gründungsvertrag. Treupflicht. Schadenersatz. (BGB. §§ 823, 826; HGB. §§ 187, 249, 312.) Im Jahre 1927 wurde in Naumburg eine Aktiengesellschaft gegründet. Die Gründer bestanden aus einer deutschen und einer dänischen Gruppe. An der Spitze der dänischen Gruppe stand eine Gesellschaft in Kopenhagen. In den Gründungsverhandlungen war ein wechselseitiges Vorkaufsrecht vereinbart worden; außerdem hatten die beiden Hauptgründer sich verpflichtet, in der zu gründenden Aktiengesellschaft dafür zu stimmen, daß jeder von ihnen für besondere Tätigkeit jährlich 20000 RM. erhielte. Als Vertreter der dänischen Gruppe war ein deutscher Rechtsanwalt tätig; dieser wurde Vorsitzender des Aufsichtsrats. Die Aktiengesellschaft arbeitete von vornherein mit großen Verlusten. Die deutschen Aktionäre führten das auf das Verschulden der dänischen Gruppe, besonders der Gesellschaft in Kopenhagen, und des Vorsitzenden des Aufsichtsrats zurück. Sie klagten gegen diese auf Schadenersatz. Die Klage stützten sie auf Verletzung der Treupflicht, die den Beklagten als Mitaktionären und Vorsitzenden des Aufsichtsrats obgelegen habe, weiter auf vorsätzliche sittenwidrige Schädigung der Aktiengesellschaft und damit der Kläger und auf unerlaubte Handlung, insbesondere auf Verstoß gegen die Schutzgesetze der §§ 249, 312 HGB. und § 263 StGB. In allen Rechtszügen wurde die Klage abgewiesen. Die aus einem Gründungsvertrag sich ergebenden Verpflichtungen sind grundsätzlich mit der Gründung der Gesellschaft erfüllt. Auch aus den getroffenen Nebenabreden konnte eine über die Abreden selbst hinausgehende Bindung der Beteiligten nicht gefolgert werden, insbesondere nicht eine gegenseitige Verpflichtung dahin, in der Zeit nach der Gründung alles dem Nutzen des anderen Teils Dienliche zu tun und alles ihm Abträgliche zu unterlassen. Als Großkaufleute waren sich die Beteiligten bewußt, daß solche Verpflichtungen durch besondere Vereinbarungen hätten festgelegt werden müssen. Es bestand auch kein gesetzliches Treuverhältnis zwischen den Klägern und der Gesellschaft in Kopenhagen. Eine Treupflicht der Aktionäre ist nur gegenüber der Aktiengesellschaft in der Rechtsprechung anerkannt; daraus ergibt sich aber nichts für eine Treupflicht der Aktionäre untereinander. Die Gründe, aus denen eine Haftung der Beklagten aus unerlaubter Handlung und eine Haftung der Gesellschaft in Kopenhagen aus Verschulden bei Vertragsschluß abgelehnt wurde, sind nicht veröffentlicht. (II, 21. September 1938.)

Amtl. Sammlg. S. 248—256.

Vgl. Bd. 100 S. 278; Bd. 146 S. 71, 385.

42. Wettbewerb. Unterlassungsklage. Eingetragener Verein. Geschäftsführer. Schadenersatz. Aufbau der Wirtschaft. Rechtsweg. (BGB. §§ 823, 824, 826; UnlWG. §§ 1, 14; 1. Durchf.-VO. zum AufbauG. vom 27. November 1934 §§ 2, 5, 14, 16; GVG. § 13.) Eine Aktiengesellschaft, die sich mit der Herstellung von Dachpappe befaßte, war bis zum 31. Dezember 1935 Mitglied des Kartells deutscher Dachpappenfabrikanten; zu diesem Zeitpunkt erklärte sie ihren Austritt. Einer ihrer Angestellten war am 30. Juni 1935 aus ihren Diensten ausgeschieden und in den Dienst der Fachuntergruppe Dachpappenindustrie übergetreten, deren stellvertretender Leiter er wurde. Als solcher richtete er an ein Vorstandsmitglied der Aktiengesellschaft, Dr. A., ein Schreiben, worin er diesem mangelnden Gemeinsinn vorwarf und ihm unter Hinweis auf die nachteiligen Folgen einer Ablehnung nahelegte, im Kartell zu bleiben. Das Schreiben wurde nicht beantwortet. Bald darauf ersuchte das Reichsbahnzentralamt für Bau und Betriebstechnik die Fachuntergruppe um Mitteilung, welche ihr angehörige Firmen als nichtarisch anzusehen seien. Der Geschäftsführer der Untergruppe antwortete darauf, daß Dr. A. nicht als Arier im Sinne der gesetzlichen Vorschriften zu betrachten sei. Die Aktiengesellschaft verlangte, als sie hiervon erfuhr, Berichtigung der Auskunft mit der Begründung, daß Dr. A., der nicht Jude, sondern Mischling sei, schon im Jahre 1902 durch Adoption seinen jetzigen Namen erhalten habe, daß ihr Vorstand aus zwei allein vertretungsberechtigten Personen bestehe, deren eine Arier und Parteigenosse sei, daß von den Mitgliedern des Aufsichtsrats zwei Drittel Parteigenossen seien und daß das Aktienkapital sich nahezu vollständig in arischen Händen befinde. Da dem Verlangen nicht stattgegeben wurde, klagte sie gegen die Untergruppe, deren Geschäftsführer und ihren früheren Angestellten mit dem Antrag, ihnen unter Strafdrohung eine Erteilung von Auskunft über sie des Inhalts, daß sie nicht arisch sei, zu verbieten, außerdem auf Schadenersatz und Zuerkennung der Veröffentlichungsbefugnis. Das Landgericht wies die Klage ab. Das Kammergericht Berlin verurteilte die Beklagten zur Unterlassung und stellte ihre Schadenersatzpflicht fest. Das Reichsgericht stellte das landgerichtliche Urteil wieder her, soweit darin der gegen die Fachuntergruppe und ihren Geschäftsführer erhobene Unterlassungsanspruch abgewiesen war; im übrigen verwies es die Sache zurück. Die Fachuntergruppe ist zwar keine öffentlich-rechtliche Körperschaft, sondern ein eingetragener Verein; sie ist aber zur Erfüllung ihrer Aufgabe, ihre Mitglieder auf dem Fachgebiet zu beraten und zu betreuen, weitgehend dem Gedanken der Förderung staatlicher Wirtschaftspolitik und der Zusammenarbeit mit den hiefür bestellten Hoheitsträgern unterstellt. Ihrem Leiter ist durch § 16 der ersten Durchführungsverordnung zur Durchführung des Gesetzes vom 27. Februar 1934 zur Vorbereitung des organischen Aufbaus der deutschen Wirtschaft zur Pflicht gemacht, die Gruppe im Sinne des nationalsozialistischen Staates zu führen und die Angelegenheiten der Gruppe und ihrer Mitglieder unter Rücksichtnahme auf die Gesamtbelange der gewerblichen Wirtschaft und unter Wahrung des Staatsinteresses zu fördern. Ihr Aufgabenkreis liegt also im wesentlichen auf öffentlich-rechtlichem Gebiet. Die von ihr der deutschen Reichsbahngesellschaft erteilte Auskunft über die der Gruppe angehörigen, für Lieferungen an die Reichsbahn in Betracht kommenden nichtarischen Firmen mußte also als in ihren Zuständigkeitsbereich fallend angesehen werden. Daran änderte nichts, daß die Reichsbahngesellschaft damals noch nicht die Stellung einer unmittelbaren Reichsbehörde hatte; sie war immerhin eine öffentlich-rechtliche Anstalt mit öffentlich-rechtlichen Befugnissen und in deren Erfüllung seit der Staatserneuerung an die Grundsätze nationalsozialistischer Wirtschaftsführung gebunden. Stellte hiernach die Erteilung der Auskunft sich als Erfüllung einer öffentlich-rechtlichen Aufgabe dar, so konnte die beklagte Fachgruppe nicht im Wege richterlicher Entscheidung zur Unterlassung einer solchen Auskunft verurteilt werden. Insoweit war der Rechtsweg unzulässig. Die Gerichte sind nicht befugt, sich in die Entscheidungsgewalt derer einzumischen, die durch Gesetz oder sonstige Rechtsvorschriften zur Erfüllung öffentlich-rechtlicher Pflichten berufen sind. Das gilt nicht nur für den Bereich hoheitsrechtlicher Gewaltausübung durch die hiezu bestellten Träger eines Amtes im staatsrechtlichen Sinne, sondern auch für das Betätigungsgebiet jeder mit der Wahrnehmung öffentlicher Belange betrauten Person oder Stelle, soweit sie ihre Entschließung nicht lediglich nach privaten Gesichtspunkten, sondern mit Rücksicht auf die Notwendigkeiten des Staates und zur Wahrung allgemeiner Belange zu treffen hat. Für einen auf Unterlassung gerichteten Anspruch wäre der Rechtsweg nur dann gegeben, wenn die beanstandete Maßnahme, obwohl in die Form einer öffentlich-rechtlichen Handlung gekleidet, völlig außerhalb des dem Handelnden zugewiesenen öffentlich-rechtlichen Aufgabenkreises läge und einen Akt reiner, mit dem übertragenen Machtbereich nicht in Einklang zu bringender Willkür darstellte. Das traf hier nicht zu. Auch wenn die Auskunft unrichtig gewesen war oder Erwägungen entsprungen wäre, die sich mit dem Gegenstand und Zweck der Befugnisse der Gruppe nicht deckten, selbst bei einer beabsichtigten Benachteiligung der Klägerin hätte sich die Fachgruppe in den Grenzen der ihr eingeräumten öffentlich-rechtlichen Betätigungsgewalt gehalten. Auch die Unterlassungsklage gegen den Geschäftsführer mußte aus diesem Grunde abgewiesen werden. Für die Unterlassungsklage gegen den stellvertretenden Leiter der Gruppe hätte das gleiche zu gelten gehabt, wenn er bei der Erteilung der Auskunft nur in dieser Eigenschaft tätig gewesen wäre. Die Ausführungen des Berufungsgerichts ließen nicht klar erkennen, ob das zutraf. Einer neuen Prüfung bedurfte auch die Frage, ob die vom Berufungsgericht ausgesprochene Feststellung der Schadenersatzpflicht der Beklagten gerechtfertigt war. Das Berufungsgericht hatte eine Haftung der Fachgruppe für begründet erachtet, weil es sich bei der Erteilung der Auskunft um eine ihrer Angelegenheiten gehandelt habe, die von ihrem stellvertretenden Leiter und ihrem Geschäftsführer bearbeitet worden sei (§ 31 BGB.). Es stand aber nicht fest, daß der stellvertretende Leiter der Fachgruppe als solcher in der Sache tätig geworden war; vielmehr hatte der erste Vorsitzende als Zeuge bestätigt, daß er selbst von der Auskunft Kenntnis erhalten und den Geschäftsführer ermächtigt habe, sie abzusenden. Soweit der stellvertretende Leiter dabei mitwirkte, mochten persönliche Gründe ihn zu seinem Vorgehen bestimmt haben.

Der Geschäftsführer der Fachgruppe war nicht deren gesetzlicher Vertreter; die Fachgruppe hätte für sein Verhalten nur einzustehen gehabt, wenn er als besonderer Vertreter bestellt gewesen wäre und sein zum Schadenersatz verpflichtendes Verhalten in den Kreis der Geschäfte gefallen wäre, für die ihm Vertretungsbefugnis zustand (§ 30 BGB.). Zu prüfen war auch noch, ob nicht das Verhalten des ersten Vorsitzenden der Fachgruppe eine Haftung für diese begründete und ob sich eine Schadenersatzpflicht aus dem Gesichtspunkt unerlaubter Handlung ergeben konnte (BGB. §§ 826, 831). Die hierauf bezüglichen Gründe des Urteils sind nicht veröffentlicht. (II, 12. Oktober 1938.)

Amtl. Sammlg. S. 257—268.

Vgl. Bd. 143 S. 84; Bd. 145 S. 147; Bd. 150 S. 140; JW. 1938 S. 113.

43. Eheanfechtung. Eheaufhebung. Schizophrenie. Eigenschaft. (BGB. § 1333; EheG. vom 6. Juli 1938 § 37.) Eine im Jahr 1936 erhobene Eheanfechtungsklage wurde damit begründet, daß die Frau zur Zeit der Eheschließung (1934) an Schizophrenie gelitten habe und in dieser Hinsicht durch ihre Mutter und deren Mutter erblich belastet sei; die Krankheit sei bei ihr nach der Eheschließung zutage getreten. Das Landgericht hatte der Klage stattgegeben, das Berufungsgericht hatte sie abgewiesen. Während des Revisionsverfahrens trat das neue Ehegesetz vom 6. Juli 1938 in Kraft. Der Kläger ging nunmehr von der Anfechtungsklage zur Aufhebungsklage über. Das Reichsgericht verwies die Sache zurück. Ein Beweis dafür, daß die beklagte Frau an Schizophrenie litt, war nicht erbracht worden; doch konnte auch schon ihre Erbanlage als eine zur Anfechtung der Ehe nach früherem Recht ausreichende Eigenschaft angesehen werden. Die Mutter der Beklagten sowie deren Mutter waren wegen Schizophrenie in Anstalten untergebracht gewesen; mit überwiegender Wahrscheinlichkeit konnte also angenommen werden, daß auch die Beklagte die Anlage zu dieser Krankheit geerbt hatte. Für eine Belastung von väterlicher Seite lagen keine Anhaltspunkte vor. Nach sachverständigen Berechnungen wird angenommen, daß die Gefahr der Übertragung der Krankheit auf die aus der Ehe entstammenden Kinder in solchen Fällen größer ist als in der Regel (2,4—3% gegenüber 0,8% des Durchschnitts). Das Berufungsgericht hatte die Gefahrerhöhung für nicht groß genug erachtet, um die bei der beklagten Frau anzunehmende Anlage zur Schizophrenie als eine Eigenschaft im Sinne des § 1333 BGB. anzusehen. Das Reichsgericht erklärte, daß diese Auffassung mit der bisherigen Rechtsprechung übereinstimmte. Nach dem neuen Ehegesetz sind an die Stelle der Vorschriften über die Anfechtung der Ehe solche über deren Aufhebung getreten. Für eine solche ist nicht mehr erforderlich, daß der eine Ehegatte sich über eine persönliche Eigenschaft des anderen Ehegatten im Irrtum befunden hat; es genügt vielmehr, daß er sich über einen die Person des anderen Ehegatten betreffenden Umstand geirrt hat. Als solche Umstände können auch Vorgänge, Verhältnisse, Werturteile und ähnliches in Betracht kommen; immerhin müssen es Umstände sein, die selbst oder in ihren Wirkungen von einer gewissen Dauer sind und nicht nur durch Verhältnisse in der Umgebung des Ehegatten bestimmt werden. Im Gegensatz zum bisherigen Recht stellt es das neue Gesetz nicht auf verständige, sondern auf richtige Würdigung des Wesens der Ehe ab; es soll bei der abwägenden Beurteilung des einzelnen Falles der Würdigung unter allgemeinen sittlichen und völkischen Gesichtspunkten gegenüber verstandesmäßigen, unter Umständen mehr auf die Interessenlage des Einzelfalles abgestellten Betrachtungen das größere Gewicht zukommen. Als ein solcher Umstand ist es anzuerkennen, wenn der Ehegatte Träger der Anlage einer Erbkrankheit ist, die eine Gefährdung der Nachkommenschaft darstellt. Unter richtiger Würdigung des Wesens der Ehe war also dem Antrag des Klägers auf Aufhebung der Ehe stattzugeben, wenn die aus der Ehe zu erwartende Nachkommenschaft in einem den Durchschnitt nennenswert übersteigenden Maße krankheitsgefährdet erschien. Das Reichsgericht hielt hier an der bisherigen Auffassung fest, daß nach dem heutigen Stand der erbbiologischen Erkenntnis der sichere Schluß auf eine die Aufhebung der Ehe rechtfertigende erhebliche Mehrgefährdung der Nachkommenschaft im allgemeinen aus der Tatsache allein, daß ein Elternteil des Ehegatten erscheinungsbildlich an Schizophrenie erkrankt war, nicht gezogen werden kann. Für die neue Verhandlung wies das Reichsgericht darauf hin, daß in den bisherigen Verhandlungen auch die Behauptung aufgestellt worden war, daß unter den Vorfahren des Klägers Fälle von Schizophrenie zutage getreten seien. Darnach war zu prüfen, wie hoch hiernach die Erkrankungsgefahr für die Nachkommen zu bemessen war. (IV, 13. Oktober 1938.)

Amtl. Sammlg. S. 268—277.

Vgl. Bd. 153 S. 78; JW. 1937 S. 618.

44. Amtspflichtverletzung. Staatshaftung. Schadensausgleich. Mitverschulden. (BGB. §§ 254, 376, 839.) Ein am

31. Mai 1932 beurkundeter Vertrag über den Verkauf eines Elektrizitätswerks erwies sich nachträglich wegen eines Versehens des Notars als ungültig. Der Notar teilte das am 10. Oktober 1933 den Vertragsparteien mit und empfahl ihnen, die neue Beurkundung alsbald vorzunehmen. Die Käufer waren dazu grundsätzlich bereit, einigten sich aber mit dem Verkäufer dahin, die Sache bis zum April 1934 aufzuschieben. Es kam dann nicht mehr zur Beurkundung. Der Verkäufer klagte nun gegen das Deutsche Reich auf Schadenersatz wegen der ihm durch das Verschulden des Notars entstandenen Nachteile. In allen Rechtszügen wurde die Klage abgewiesen. Das Berufungsgericht hatte angenommen, der Kläger habe das Scheitern des ganzen Vertragswerks dadurch verschuldet, daß er an die Verkäufer im November 1933, zu einer Zeit, da sie noch bereit gewesen wären, den formnichtigen Vertrag durch Nachholung der formgültigen Beurkundung wirksam werden zu lassen, das Ersuchen gestellt habe, einen Teil der von ihm geschuldeten Umsatzsteuer zu übernehmen. Die Revision hatte dem entgegengehalten, daß die Nichtbenutzung einer nur tatsächlichen Möglichkeit der Erlangung eines Schadenersatzes von dritter Seite nicht ausreiche, um den Anspruch aus der Amtspflichtverletzung zu verwirken. Das Reichsgericht trat dieser Auffassung nicht bei. Sobald eine unerlaubte Handlung begangen worden ist, sind zwischen dem Schädiger und dem Geschädigten Rechtsbeziehungen geknüpft, die eine Verpflichtung des vom Schaden Bedrohten zur Abwendung des Schadens begründen. Diese Verpflichtung wird auch dann verletzt, wenn der vom Schaden Bedrohte es verabsäumt, eine sich ihm bietende Möglichkeit der Schadensabwendung oder Schadensminderung zu benutzen, auch wenn er auf deren Verwirklichung keinen rechtlichen Anspruch hat. Voraussetzung ist dabei allerdings, daß ihm die Ausnutzung einer solchen Möglichkeit zugemutet werden kann. Die Bereitwilligkeit der Käufer, den Vertrag neu beurkunden zu lassen, schuf eine tatsächliche Möglichkeit, den entstandenen Schaden wieder zu beseitigen. Daß der Kläger keinen klagbaren Anspruch hierauf hatte, machte nichts aus. (V, 10. Oktober 1938.) Amtl. Sammlg. S. 277—284. Vgl. Bd. 138 S. 209; Bd. 141 S. 356; Bd. 145 S. 56; Bd. 152 S. 20.

45. **Kraftfahrzeugversicherung. Führerschein. Erkundigungspflicht. Entschuldbare Unkenntnis. Typische Vertragsbedingung.** (BGB. § 276; KraftFahrzG. § 24; VersVertrG. §§ 1, 61; AllgVersBed. f. KraftFahrz. § 3.) Ein Kraftwagen stieß

mit einem anderen zusammen. Der Halter des Wagens war gegen Kaskoschäden, Haftpflicht und Unfall versichert. Er hatte den Wagen durch einen Bekannten steuern lassen, der wahrheitswidrig behauptete, im Besitz eines Führerscheins zu sein. Die Versicherungsgesellschaft verweigerte die Entschädigung. Das Berufungsgericht wies die Klage ab. Das Reichsgericht verwies die Sache zurück. Nach § 3 der allgemeinen Bedingungen für Kraftfahrzeugversicherung wird der Versicherungsschutz nur gewährt, wenn der berechtigte Führer des Fahrzeugs bei Eintritt des Schadens den vorgeschriebenen Führerschein hatte oder der Versicherungsnehmer das entschuldbarerweise annehmen konnte. Als typische Vertragsbedingung unterlag diese Vorschrift der freien Auslegung durch das Revisionsgericht. Unter berechtigtem Führer des Kraftfahrzeugs ist zu verstehen, wer es mit Willen des Halters oder seines Vertreters führt. Die Entscheidung hing hienach davon ab, ob der Kläger entschuldbarerweise annehmen konnte, daß der Führer im Besitz eines Führerscheins sei. Das Berufungsgericht hatte angenommen, daß der Kläger verpflichtet gewesen wäre, sich den Führerschein vorlegen zu lassen. Das Reichsgericht entschied, daß das nicht als allgemeine Regel aufgestellt werden könne. Von einer Prüfungspflicht kann überhaupt nicht gesprochen werden. Der Ausdruck „entschuldbar" ist der Gesetzessprache fremd; bei der Sorgfalt, mit der erfahrungsgemäß die allgemeinen Versicherungsbedingungen abgefaßt werden, ist anzunehmen, daß er etwas anderes bedeutet als die Ausdrücke „unverschuldet", „ohne Verletzung der im Verkehr erforderlichen Sorgfalt", „weder vorsätzlich noch fahrlässig". Der Unterschied beruht auf der stärkeren Betonung des Verkehrsüblichen, also des Maßes von Sorgfalt, das nach der Lebenserfahrung von vernünftigen, praktischen Leuten aufgewendet zu werden pflegt und das man demgemäß von ihnen verlangt. Damit ist ein gewisser, der Erfahrung des täglichen Lebens entnommener Gegensatz hervorgehoben zwischen dem objektiv abstrakten Maßstab der im Verkehr erforderlichen Sorgfalt, auf dem sich die sonst kraft Gesetz oder kraft Vertrag anzuwendenden Begriffe von Verschulden und Fahrlässigkeit aufbauen; es kann vom Standpunkt der im Verkehr erforderlichen Sorgfalt aus ein gewisses Verschulden anzunehmen sein und gleichwohl eine entschuldbare Handlungsweise vorliegen. Demgemäß war nicht zu verlangen, daß der Kläger alle im Verkehr erforderliche Sorgfalt aufgewendet haben mußte, um sich Gewißheit zu verschaffen, ob der Führer wirklich im Besitz des vorschriftsmäßigen Führerscheins war. Der Versicherungsnehmer hat allerdings, wenn er Versicherungsschutz begehren will, alles zu unterlassen, was den Eintritt des Versicherungsfalls erleichtern könnte; insofern besteht eine Pflicht, nicht selbst durch eigenes Verhalten eine Gefahrerhöhung herbeizuführen. Letztere wird vermutet, wenn jemand, der nicht im Besitz eines vorschriftsmäßigen Führerscheins ist, den Wagen lenkt. Wer Versicherungsschutz begehren will, muß sich um diese Führerschein-Inhaberschaft kümmern. Die Erfüllung dieser Pflicht bildet eine Voraussetzung für den Anspruch auf Versicherungsschutz. Damit ergibt sich der Inhalt dieser Pflicht und ihre Begrenzung: wer sich soviel um den Führerscheinbesitz des berechtigten Führers gekümmert hat, wie man das mit Rücksicht auf die Belange des Versicherers vernünftigerweise nach der Verkehrsanschauung von ihm erwarten konnte, dem soll es für die Geltendmachung seines Versicherungsanspruchs nicht schaden, wenn sein Irrtum bei Erfüllung der objektiv strengsten Anforderungen vielleicht vermeidbar gewesen wäre. Es handelte sich nicht darum, ob die gegebenen Umstände den Kläger zu dem Schluß berechtigten, daß der Fahrer einen Führerschein besitze, sondern darum, ob er, wenn er diese Umstände teils kannte, teils in ihrer Richtigkeit zu bezweifeln keinen Anlaß hatte, der Versicherung des Führers, er sei im Besitz eines Führerscheins, Glauben schenken durfte. (VII, 25. Oktober 1938.) Amtl. Sammlg. S. 284—291.

46. Gebrauchsmuster. Vorbenutzungsrecht. (GebrMG. § 1.) Einer Klage wegen Verletzung eines Gebrauchsmusters wurde der Einwand der Vorbenutzung entgegengehalten. Der Beklagte hatte vor der Anmeldung des Gebrauchsmusters ein gleichartiges Stück hergestellt, aber nicht zum Zweck des Verkaufs, sondern nur als eine Veranstaltung zur Benutzung der Erfindung. Diese Veranstaltungen hätten bis zu der Anmeldung fortgesetzt werden müssen, um ein Vorbenutzungsrecht zu begründen; auch hätte aus ihnen der ernste Wille hervorgehen müssen, die Erfindung alsbald zu benutzen. Das war nicht nachgewiesen. (I, 16. September 1938.)

Amtl. Sammlg. S. 291—294.

Vgl. Bd. 75 S. 317; Bd. 78 S. 346; Bd. 123 S. 252; Bd. 133 S. 377.

47. Ehescheidung. Unterhaltsabkommen. Vertragsstrafe. Teilweise Nichtigkeit. (BGB. §§ 138, 139, 1353, 1354, 1360, 1361.) Eine Frau reichte Scheidungsklage ein. Es kam daraufhin zu Verhandlungen über Zurücknahme der Klage. Auf Grund eines Abkommens, worin der Ehemann eine Reihe von Verpflichtungen, insbesondere solche zur Unterhaltsleistung, übernahm, zog die Frau die Klage zurück, ohne aber auf ihre Rechte zu verzichten. Der Klage auf Zahlung des Unterhalts setzte der Ehemann eine Widerklage auf Feststellung der Nichtigkeit des geschlossenen Abkommens entgegen. Das Reichsgericht wies die Klage ab und gab der Widerklage statt. Es verstieß gegen die guten Sitten, wenn die Klägerin sich zu ihrem Entschluß, die Scheidungsklage zurückzunehmen, ausschließlich durch das Versprechen vermögensrechtlicher Vorteile bestimmen ließ. Das Berufungsgericht hatte aber in dieser Hinsicht festgestellt, daß die Klägerin den Wunsch und die Absicht gehabt habe, daß die Ehe wieder befestigt und der Gefahr weiterer Eheverfehlungen des Ehemanns vorgebeugt werden solle. Nach dem Abkommen sollte die Pflicht des Beklagten zur Zahlung des Unterhalts auch dann fortbestehen, wenn die Klägerin einem Verlangen des Beklagten auf Wiederaufnahme der ehelichen Gemeinschaft keine Folge leisten würde. Eine solche Vereinbarung wäre ohne rechtliche Wirkung gewesen, wenn damit ein dauerndes Recht der Klägerin zur Verweigerung der Gemeinschaft hätte begründet werden sollen. Das Berufungsgericht hatte aber die Vereinbarung dahin ausgelegt, daß sie nur gelten solle, wenn das Verlangen des Beklagten auf Wiederherstellung der ehelichen Gemeinschaft sich als ein Rechtsmißbrauch darstelle. Gegen die Gültigkeit einer Vereinbarung, wonach das gemeinschaftliche Kind bei der Klägerin verbleiben, dem Beklagten aber das Recht des Zutritts zu angebrachter Zeit zustehen solle, waren rechtliche Bedenken nicht geltend zu machen, da ein unzulässiger Verzicht auf die Rechte aus der elterlichen Gewalt nicht vorlag. Der Beklagte hatte sich weiter verpflichtet, seinen Bruder aus seinen geschäftlichen Unternehmungen zu entfernen und keine Geschäftsreisen ohne Begleitung seiner Ehefrau zu unternehmen. Darin war eine unzulässige Beschränkung der persönlichen Freiheit des Beklagten zu erblicken, die sich auch nicht durch den Zweck rechtfertigen ließ, weiteren Eheverfehlungen des Beklagten vorzubeugen. Der Beklagte hatte anerkannt, daß alle diese Verpflichtungen auch für den Fall fortbestehen sollten, daß die Parteien in gegenseitigem Einvernehmen die eheliche Gemeinschaft wieder aufnehmen würden. Das Berufungsgericht hatte das für die Vereinbarung des Unterhalts mit der Begründung als zulässig anerkannt, daß in diesem Falle es sich nur um eine

Abmachung über die Höhe des vom Beklagten der Klägerin zur Verfügung zu stellenden Wirtschaftsgeldes handeln würde. Das Reichsgericht erklärte die Übernahme einer solchen Vertragspflicht durch den Ehemann als dem Wesen der Ehe widersprechend und darum unzulässig; sie verstößt gegen den Grundsatz, daß dem Mann allein in allen das gemeinschaftliche eheliche Leben betreffenden Angelegenheiten die Entscheidung zusteht. Das Fortbestehen der über das Kind getroffenen Vereinbarung während der wiederhergestellten ehelichen Gemeinschaft hatte auch das Berufungsgericht als dem Wesen der Ehe widersprechend anerkannt; es hatte aber angenommen, daß hier nur ein Versehen vorliege. Abschließend war für jeden einzelnen Fall der Zuwiderhandlung gegen die übernommenen Verpflichtungen eine Vertragsstrafe von 3000 RM. vereinbart worden. Das Berufungsgericht hatte angenommen, daß es dem Wesen der Ehe widerspreche, die Sicherung der aus ihr fließenden familienrechtlichen Verpflichtungen durch die Vereinbarung von Vertragsstrafen zu bewirken; es hatte aber angenommen, daß die Parteien auch bei Kenntnis der Nichtigkeit dieser Bestimmung den Vertrag geschlossen haben würden. Das Reichsgericht erklärte, die Verkoppelung der an sich für den Fall des Getrenntlebens der Ehegatten gültigen Vereinbarung über den Unterhalt und die Beziehungen zu dem Kinde mit einer Vertragsstrafe verstoße dergestalt gegen das Wesen der Ehe, daß nicht nur die Vertragsstrafe, sondern auch die ihr unterstellte Unterhalts- und Verkehrsregelung als unwirksam anzusehen sei. (IV, 3. November 1938.) Amtl. Sammlg. S. 294—302.

Vgl. Bd. 61 S. 53.

48. Kommanditgesellschaft. Geschäftsführung. Befugnisüberschreitung. Unzulässige Rechtsausübung. (HGB. §§ 105, 116, 161, 164; BGB. §§ 677, 708.) Zum Zweck des Betriebs einer Seidenweberei wurde eine Aktiengesellschaft und daneben eine Kommanditgesellschaft gegründet. Die eigentliche Vermögensträgerin war die Kommanditgesellschaft; diese verpachtete die ganze Betriebsanlage an die Aktiengesellschaft, der auch der Gewinn verbleiben sollte. Der geschäftsführende Gesellschafter der Kommanditgesellschaft übernahm für diese die selbstschuldnerische Bürgschaft für Bankschulden der Aktiengesellschaft bis zum Betrage von 100000 RM. Als die Kommanditgesellschaft infolge der Bürgschaft in Schwierigkeiten geriet, veräußerte er deren Grundbesitz. Ein Kommanditist, der zur Zeit der Vornahme dieser Geschäfte im Ausland gewesen war, klagte nach seiner Rückkehr gegen den geschäftsführenden Gesellschafter der Kommanditgesellschaft auf Schadenersatz mit der Begründung, daß dieser zur Übernahme der Bürgschaft nicht befugt gewesen wäre; dieses Geschäft sei über den gewöhnlichen Betrieb der Kommanditgesellschaft hinausgegangen und habe demgemäß nur mit seiner Zustimmung vorgenommen werden dürfen. Das Berufungsgericht erkannte den Anspruch dem Grunde nach als gerechtfertigt an. Das Reichsgericht verwies die Sache zurück. Der Anwendung der Vorschriften über die Kommanditgesellschaft stand nicht entgegen, daß die Rechtsform dieser Gesellschaft nur für den Betrieb von Handelsgewerben vorgesehen ist, im gegebenen Falle die Kommanditgesellschaft aber nur auf die Einnahmen aus dem Pachtvertrag angewiesen sein sollte; die Anwendung dieser Vorschriften entsprach dem Willen der Gesellschafter. Die Frage, ob ein Kommanditist ein bloßes Widerspruchsrecht gegen Handlungen des persönlich haftenden Gesellschafters hat, die über den gewöhnlichen Betrieb des Handelsgewerbes der Kommanditgesellschaft hinausgehen, oder ob solche Handlungen nur mit seiner Zustimmung vorgenommen werden dürfen, entschied das Reichsgericht mit ausführlicher Begründung im letzteren Sinne. Es besteht kein Grund, einen Kommanditisten schlechter zu stellen als einen von der Geschäftsführung ausgeschlossenen offenen Handelsgesellschafter. Das Widerspruchsrecht allein gibt dem Kommanditisten keine genügende Sicherheit gegen ein eigenmächtiges Verhalten des persönlich haftenden Gesellschafters und eine Gefährdung seiner Einlage durch Handlungen, die über den gewöhnlichen Betrieb des Unternehmens und den Gesellschaftszweck hinausgehen; der persönlich haftende Gesellschafter braucht ihm von seinem Vorhaben keine Kenntnis zu geben und kann ihn vor vollendete Tatsachen stellen. Trotz der beschränkten Haftung der Kommanditisten kann das um so weniger angenommen werden, als sie für die Möglichkeit, mit ihrem Widerspruch noch rechtzeitig zu kommen, sehr ungünstig gestellt wären, da sie nicht in der Lage sind, sich über den Gang der Geschäftsführung im ganzen auf dem laufenden zu halten. Ein Geschäft, das der gewöhnliche Betrieb des Handelsgewerbes nicht mit sich bringt, ist ein solches, das entweder dem Gesellschaftszweck ganz fremd ist oder das zwar zum Betrieb gehört, aber von außergewöhnlicher Natur ist. Die Entscheidung läßt sich nur von Fall zu Fall treffen. Der Beklagte hatte behauptet, daß die Zweiteilung der Gesellschaften nur aus steuerrechtlichen Erwägungen vorgenommen worden

sei, das Vermögen beider Gesellschaften aber wirtschaftlich demselben Zweck dienstbar sein sollte; dann lag aber für jeden Gesellschafter, auch für den Kläger (der ursprünglich geschäftsführender Gesellschafter der Kommanditgesellschaft gewesen war), klar zutage, daß im Fall eines Kapitalbedürfnisses der Aktiengesellschaft die Kommanditgesellschaft mit ihrem Kredit (Bürgschaft, Hypothek) eingesetzt werden mußte. Bei der ganzen Sachlage war auch zu prüfen, ob den Gläubigern der Aktiengesellschaft der Zugriff auf das Vermögen der Kommanditgesellschaft hätte verwehrt werden können, wenn die Bürgschaft nicht übernommen worden wäre; wenn die Doppelgesellschaft nur zu dem Zweck gegründet worden wäre, um von vornherein die Haftungsgefahr auf das offensichtlich unzulängliche Aktienkapital zu beschränken, war eine Haftung gegenüber den Gläubigern der Aktiengesellschaft aus unerlaubter Handlung nach § 826 BGB. nicht ausgeschlossen. In diesem Zusammenhang war auch das Vorbringen des Beklagten von Bedeutung, daß die Versagung der Zustimmung des Klägers zu der Übernahme der Bürgschaft gegen die Gesellschaftstreue verstoßen haben würde und daß die Nichteinholung der Zustimmung deshalb keinen Schadenersatzanspruch gegen ihn begründen könne. Das Reichsgericht trat dieser Ansicht bei. Der Beklagte würde dem Kläger mit Grund die Einrede der allgemeinen Arglist entgegensetzen können, wenn dieser ihn wegen des Unterbleibens einer Zustimmungserklärung in Anspruch nehmen wollte, zu deren Abgabe er in jedem Falle verpflichtet war. Im Fall einer Überschreitung seiner Befugnisse hat der geschäftsführende Gesellschafter einer Kommanditgesellschaft nicht nur für die Sorgfalt einzustehen, die er in eigenen Angelegenheiten anzuwenden pflegt. Er handelt als Geschäftsführer ohne Auftrag und haftet demgemäß für jedes Verschulden, außerdem aber auch für unverschuldeten Schaden, wenn er bei Aufwendung der erforderlichen Sorgfalt annehmen mußte, daß eine Zustimmung der übrigen Gesellschafter nicht erfolgen werde. Der Ersatzanspruch, sofern ein solcher begründet war, stand nicht dem Kläger, sondern der Gesellschaft zu. Das führte im gegebenen Falle nicht zur Abweisung der Klage, weil die Kommanditgesellschaft in Liquidation getreten war und durch die Klage möglicherweise ein weiteres Auseinandersetzungsverfahren vermieden werden konnte. Der Übergang zu einer Klage auf Leistung an die Gesellschaft bedeutete auch keine Klageänderung, sondern nur eine zulässige Antragsbeschränkung.
(II, 22. Oktober 1938.) Amtl. Sammlg. S. 302—315.

Vgl. Bd. 90 S. 215, 300; Bd. 91 S. 35; Bd. 98 S. 134; Bd. 109 S. 50; JW. 1927 S. 1090; 1928 S. 107; 1930 S. 705.

49. Doppelabtretung. Ungerechtfertigte Bereicherung. (BGB. §§ 407, 408, 806.) Eine Baufirma, die Arbeiten für die Wehrmacht auszuführen hatte, trat ihre Forderungen hierfür sowohl an ihre Lieferfirma als auch später an ihre Bank ab. Der Wehrmacht wurde nur die zweite Abtretung mitgeteilt. Sie übergab der Bank zwei Wechsel, die von dieser eingehoben und der Baufirma gutgeschrieben wurden. Die Lieferfirma klagte gegen die Bank wegen ungerechtfertigter Bereicherung. In allen Rechtszügen wurde die Klage abgewiesen. Da der Wehrmacht die erste Abtretung nicht bekannt war, war die in der Wechselhingabe enthaltene, erfüllungshalber bewirkte Leistung der Wehrmacht der Klägerin gegenüber wirksam, ohne daß es auf die Zeit der Fälligkeit der Wechsel ankam. Der in der Wechselhingabe zu sehende Zahlungsversuch nahm infolge der späteren Einlösung der Wechsel das Wesen einer endgültigen Zahlung an. Eine Bereicherung der beklagten Bank schied schon deshalb aus, weil mit der Leistung der Wehrmacht gleich hohe Forderungen der beklagten Bank getilgt wurden. (VII, 4. November 1938.) Amtl. Sammlg. S. 315—318.

50. Sprungrevision. (ZPO. § 566a.) Das Urteil des Landgerichts wurde zunächst mit Berufung, nach deren Zurücknahme mit Revision angefochten. Das Reichsgericht erklärte die Revision für zulässig, obwohl sie nur auf Mängel des Verfahrens gestützt war und es sich nicht um Mängel handelte, die in jeder Lage des Verfahrens von Amts wegen zu berücksichtigen sind. Der geltend gemachte Revisionsgrund war allerdings ungeeignet, der Revision zum Erfolg zu verhelfen, da eine Sprungrevision auf Mängel des Verfahrens nicht gestützt werden kann; der vom Gesetz geforderten Form war aber genügt und demzufolge konnte die Revision nicht ohne Sachprüfung verworfen werden. (V, 24. November 1938.) Amtl. Sammlg. S. 319—320. Vgl. Bd. 87 S. 5; Bd. 113 S. 166; Bd. 123 S. 38; Bd. 126 S. 261; Bd. 151 S. 66; Bd. 154 S. 144; JW. 1936 S. 1283; 1937 S. 2201.

51. Film. Zensur. Werkvertrag. Gesellschaftsvertrag. Lizenzvertrag. Unmöglichkeit. (KunstSchG. § 15; BGB. §§ 275, 323, 325, 326, 723.) Eine deutsche Filmverleihgesellschaft schloß am 31. März 1936 mit einer österreichischen Aktiengesellschaft, die sich mit der Herstellung von Filmen befaßte, einen Vertrag über die Herstellung und Auswertung eines Spielfilms ab. Die Auswahl der Hauptdarsteller und die Herstellung des bei Vertragsschluß noch nicht fertigen Drehbuchs sollten in beiderseitigem Einverständnis erfolgen; die deutsche Gesellschaft sollte auch die Aufnahmen überwachen dürfen. Der endgültige Schnitt für Deutschland bedurfte ihrer Genehmigung. Als Termin für die Lieferung, d. h. die Niederlegung des Negativs und der Musterkopie des zensierten Films bei einer Kopieranstalt in Berlin, wurde der 1. August 1936 festgesetzt. Der Film sollte für das Verleihgebiet Deutschland auf die Dauer von 5 Jahren, beginnend mit dem Datum der Zensurkarte, geliefert und in diesem Gebiet gemeinschaftlich in der Weise ausgewertet werden, daß die Durchführung des Verleihs nur von der deutschen Gesellschaft bestimmt, der Erlös aber zwischen den beiden Parteien gleichheitlich geteilt werden sollte. Die Zensur sollte von der österreichischen Gesellschaft besorgt werden und auf deren Risiko gehen; die deutsche Gesellschaft verpflichtete sich, hiebei nach besten Kräften zu helfen. Der Herstellungstermin wurde um etwa 4 Wochen überschritten; ein hiewegen zwischen den Parteien entstandener Streit wurde am 23. Oktober 1936 durch einen Vergleich erledigt, wonach ein Verzugsschaden nicht geltend gemacht werden sollte. Die Filmprüfstelle verbot am 20. November 1936 die Vorführung des Films in Deutschland, weil er seinem ganzen Inhalt nach minderwertig sei. Beide Parteien bemühten sich um die Aufhebung des Verbots, konnten sie aber zunächst nicht durchsetzen. Am 15. April 1937 lehnte die Filmprüfstelle eine neue Prüfung des etwas abgeänderten Film ab mit der Begründung, daß sich das Verbot nicht auf einzelne Stellen bezogen habe. Mit Schreiben vom 18. Mai 1937 verweigerte die deutsche Gesellschaft der österreichischen Gesellschaft gegenüber die Abnahme des Films; am 1. Juni 1937 erhob sie Klage auf Rückgabe der von ihr geleisteten Zahlungen. Das Landgericht gab der Klage statt. Das Kammergericht wies sie ab. Die Revision der Klägerin hatte keinen Erfolg. Während des Verfahrens hatte die deutsche Gesellschaft unter Verwahrung gegen eine Rechtspflicht zur Abnahme des Films einen neuen Zulassungsantrag gestellt; diesem war am 22. Juli 1937 stattgegeben worden. Der Film wurde daraufhin wiederholt in Deutschland aufgeführt.

I. Die Rechtsnatur des Vertrags. Das Kammergericht hatte die vertraglichen Beziehungen zwischen den Parteien als einen gemischten gegenseitigen Vertrag beurteilt, der sich aus werkvertraglichen und gesellschaftlichen Bestandteilen zusammensetze, in dem aber die werkvertraglichen Bestandteile entscheidend seien. Dieser Auffassung trat das Reichsgericht nicht bei. In erster Reihe handelte es sich um einen Filmverwertungsvertrag, der dem patentrechtlichen Lizenzvertrag nahe verwandt war. Die österreichische Gesellschaft erwarb als Herstellerin das Urheberrecht an dem Film; aus diesem Recht übertrug sie der deutschen Gesellschaft das sachlich, zeitlich und örtlich begrenzte Recht der ausschließlichen öffentlichen Vorführung und des ausschließlichen Vertriebs des Films in Deutschland auf die Dauer von 5 Jahren. Insoweit die Parteien ein gewisses Zusammenwirken zu dem gemeinsamen Ziel sowohl bei der Herstellung als bei der Verwertung des Films vereinbart hatten, handelte es sich um einen gesellschaftlichen Einschlag in den Vertrag. Durch diese Verschiedenheit der Beurteilung wurde aber der Entscheidung des Kammergerichts der Boden nicht entzogen, da in dem einen wie im anderen Falle grundsätzlich die Vorschriften über gegenseitige Verträge zur Anwendung kamen (BGB. §§ 320ff.)

II. Zensurrisiko. Die Übernahme des Zensurrisikos durch die österreichische Gesellschaft bedeutete nach den Umständen des Falls nicht, daß diese dafür wie für einen von ihr zu vertretenden Umstand zu haften hatte; das Zensurverbot war vielmehr als ein Umstand anzusehen, der die Leistung der österreichischen Gesellschaft nachträglich unmöglich machte und von keiner Seite zu vertreten war. Das ergab sich aus den im wesentlichen tatsächlichen Feststellungen über den Willen der Parteien, die vom Kammergericht getroffen worden waren und denen im Revisionsverfahren nicht entgegengetreten werden konnte. Mit Recht hatte das Kammergericht die Auslegung der Zensurklausel auf die Umstände des gegebenen Falls abgestellt und vor allem erwogen, daß die Gestaltung des Films, die dann Anlaß zu dem Verbote gab, wesentlich ein Gemeinschaftswerk der Parteien war. Die Auffassung, daß der Filmhersteller dem Filmverleiher nach den Vorschriften über die Haftung für Sachmängel bei Kauf oder Pacht oder nach der Rechtsprechung über die Haftung für die technische Ausführbarkeit einer Erfindung in den Fällen des patentrechtlichen Lizenzvertrags für die Zensurfähigkeit des Films hafte, lehnte das Reichsgericht jedenfalls für den Fall ab, daß die für die Zensurfähigkeit maßgebende inhaltliche und künstlerische Gestaltung des Films in starkem Maße ein Gemeinschaftswerk der Parteien war. Nach dem Vertrag waren die Parteien auch verpflichtet, ungeachtet anfänglicher Verbote alles zu tun, um den Film nachträglich doch durch die Zensur zu bringen. Von einem Unmöglichwerden der Leistung konnte solange nicht gesprochen werden, als nicht alle ordentlichen Rechtsmittel des Prüfungsverfahrens erschöpft waren. Es fragte sich, ob dieser Zeitpunkt mit dem Bescheide der Filmprüfstelle vom 15. April 1937 eingetreten war. Wären infolge der damit eingetretenen endgültigen Unmöglichkeit der Leistung die ursprünglichen Vertragsbeziehungen erloschen gewesen, so hätten sie durch das spätere Wiedermöglichwerden der Leistung nicht wieder aufleben können. Es wäre vielmehr nur zu prüfen gewesen, ob etwa aus dem früheren Vertragsverhältnis übrig gebliebene Wirkungen die Klägerin nach Treu und Glauben zu einem bestimmten Verhalten oder zum Abschluß einer neuen, den Verhältnissen angepaßten Vereinbarung verpflichtet hätten, und welches Rechtsverhältnis durch die tatsächliche Auswertung des Films nach seiner Zulassung vom 22. Juli 1937 zwischen den Parteien begründet worden war. Das Kammergericht hatte aber festgestellt, daß nach dem Willen der Parteien auch ein anscheinend endgültiges Verbot die vertragliche Bindung nicht sofort beendigen sollte, da bei der Eigenart des Filmprüfungsverfahrens immerhin noch eine spätere Zulassung nicht ausgeschlossen war; diese Bindung sollte solange dauern, als sich die Lieferung des Films infolge der späteren Zulassung nicht als eine andere als die vertragsmäßig geschuldete Leistung der Beklagten darstellte. Das Reichsgericht erklärte, daß es an diese tatsächlichen Feststellungen des Vertragswillens gebunden sei. Legte man diese Feststellungen zugrunde, so war in der Tat niemals im Sinne der Zensurklausel ein Zustand endgültiger Unmöglichkeit der Vertragserfüllung eingetreten, es sei denn, daß die verspätete Zulassung des Films ihre Leistung so wesentlich verändert hätte, daß die Klägerin sie nicht als Vertragserfüllung anzunehmen brauchte. Das Kammergericht hatte das nach einer sorgfältigen Erörterung aller in Betracht kommenden Umstände verneint. Das Reichsgericht erklärte, daß es sich hier um eine im wesentlichen tatsächliche Würdigung des Sachverhalts handle, die mit Revision nicht angegriffen werden könne.

III. Rücktritt vom Vertrag. Das Kammergericht hatte auch die Frage geprüft, ob das Schreiben der Klägerin vom 18. Mai 1937 als Rücktrittserklärung gedeutet werden könne. Es hatte diese Möglichkeit anerkannt, eine Rücktrittserklärung aber für unwirksam erklärt, da die Voraussetzungen der §§ 325, 326 BGB.

nicht gegeben waren. Auf Minderwertigkeit oder zu geringe Länge des Films konnte sich die Klägerin nicht berufen, weil sie den Inhalt des Films selbst mitbestimmte und ihn ebenso wie den endgültigen Schnitt genehmigt hatte. Ein Verzug lag nicht vor, weil die vor dem Vergleich liegende Überschreitung der Lieferfrist durch den Vergleich genehmigt, nach dem Vergleich aber die Beklagte nicht mehr in Verzug gekommen war. Angesichts des starken gesellschaftlichen Einschlags des Vertrags ergab sich noch die Frage, ob nicht an Stelle der Rechtsbehelfe aus §§ 325, 326 BGB. überhaupt nur die Kündigung aus wichtigem Grunde in entsprechender Anwendung des § 723 BGB. zulässig war, ob die Erklärung der Klägerin vom 18. Mai 1937 in diesem Sinne gedeutet werden konnte und ob sie wirksam sein würde. Das Kammergericht hatte diese Frage nicht geprüft. Das Reichsgericht erklärte, daß die übrigen Feststellungen keinen Zweifel darüber ließen, daß das Kammergericht angesichts der vereinbarten weitergehenden Bindung auch das zweite Zensurverbot jedenfalls nicht als einen wichtigen Grund für eine Kündigung angesehen und eine solche Kündigung überdies als zur Unzeit geschehen beurteilt haben würde. (I, 27. September 1938.)

Amtl. Sammlg. S. 321—334.

Vgl. Bd. 5 S. 279; Bd. 42 S. 115; Bd. 78 S. 303; Bd. 81 S. 303; Bd. 82 S. 158; Bd. 92 S. 158, 176; Bd. 105 S. 167; Bd. 106 S. 362; Bd. 118 S. 290; JW. 1927 S. 1363; 1937 S. 2970.

52. Eheanfechtung. Persönliche Eigenschaft. Eheaufhebung. (BGB. § 1333; EheG. §§ 37, 94; ZPO. § 616.) Eine im Dezember 1935 erhobene Scheidungsklage wurde in zwei Rechtszügen abgewiesen. Im Dezember 1936 erhob der Mann eine neue Klage, in der er wegen vorehelicher Beziehungen seiner Frau die Ehe anfocht; außerdem wies er darauf hin, daß die Mutter seiner Frau wegen gewerbsmäßiger Abtreibung mit 2 Jahren Zuchthaus bestraft worden sei. Das Berufungsgericht gab der Klage statt. Das Reichsgericht verwies die Sache zurück. Die vorehelichen Beziehungen der Frau konnten vom Kläger zur Begründung der Anfechtungsklage nicht verwendet werden, weil er sie auch schon in der Scheidungsklage angeführt hatte. Die Verurteilung der Mutter der Frau hatte das Berufungsgericht als einen Beweis der sittlichen Minderwertigkeit der ganzen Sippe angesehen, die auch als eine Eigenschaft der Frau selbst zu bewerten sei; den Anschauungen des Dritten Reichs über die Bedeutung der Sippenzugehörigkeit entspreche es, in hervorstechenden Eigenschaften der Sippe im Zweifel auch

Eigenschaften des einzelnen Sippenangehörigen zu erblicken, und zwar auch dann, wenn die Eigenschaft bei ihm selbst durch äußere Handlungen nicht in die Erscheinung getreten sei. Nach Erlaß des Berufungsurteils war das neue Ehegesetz in Kraft getreten. Der Kläger verlangte nunmehr Aufhebung der Ehe entsprechend diesem Gesetz. Dieses unterstellt auch die anhängigen Sachen dem neuen Recht und gestattet auch das Vorbringen von Tatsachen, die an sich nach bisherigem Recht nicht mehr hätten vorgebracht werden dürfen, nach dem neuen Recht aber erheblich sind. Demgemäß können über den Begriff der persönlichen Eigenschaft hinausgehende Umstände in dem neuen Rechtsstreit auch dann der richterlichen Entscheidung unterbreitet werden, wenn die Tatsachen in dem früheren Rechtsstreit schon vorgetragen waren oder schon hätten vorgetragen werden können. Ein die Aufhebung der Ehe rechtfertigender Umstand liegt nach dem neuen Recht nur vor, wenn die Kenntnis des Umstandes bei richtiger Würdigung des Wesens der Ehe von deren Eingehung abgehalten hätte. Damit ist ein objektiver Maßstab aufgestellt, durch den der von dem neuen Gesetz eingeführte Begriff der die Person des anderen Ehegatten betreffenden Umstände die erforderliche Einschränkung und Begrenzung erfährt. Das Reichsgericht billigte die Auffassung des Berufungsgerichts nicht, daß eine in unsittlichem Lebenswandel oder in gerichtlicher Bestrafung von Familienangehörigen zum Ausdruck gekommene Minderwertigkeit der Sippe eines Ehegatten diesem als persönliche Eigenschaft angerechnet werden könne; wohl aber konnte die Bestrafung der Mutter der Frau als ein Umstand bewertet werden, der die Person der Frau betraf. Zu diesen Umständen gehören Vorgänge, Verhältnisse, Werturteile irgendwelcher Art; diese betreffen die Person des Ehegatten nicht nur dann, wenn sie sich unmittelbar in seiner Person ereignet haben, sondern auch dann, wenn die Wirkung von Ereignissen in seiner Umgebung sich unmittelbar auf ihn erstreckt. Unter dem neuen Recht kam also der Verurteilung der Mutter der Frau eine ganz andere Tragweite und Erheblichkeit zu als früher. Bei der neuen Würdigung des Falles war aber zu prüfen, ob und wieweit die Frau sich von den in ihrer Familie herrschenden sittlich bedenklichen Verhältnissen persönlich zu lösen und fernzuhalten vermocht hatte. (IV, 10. Oktober 1938.)

Amtl. Sammlg. S. 334—341.

53. Tierhalter. Betriebsunfall. Bevollmächtigter. (BGB. § 833; RVO. §§ 898, 899, 901, 903, 1042.) Ein Bauer, der das

Anwesen seiner Ehefrau bewirtschaftete, hielt darauf einen Zuchtbullen. Dieser verletzte einen Mann, der ihn in den Stall führen wollte, so schwer, daß er starb. Seine Frau klagte gegen den Bauern und dessen Ehefrau auf Zahlung der Beerdigungskosten und Gewährung einer Unterhaltsrente. Das Landgericht wies die Klage gegen die Frau ab, das Berufungsgericht auch die Klage gegen den Mann. Das Reichsgericht verwies die Sache zurück. Die Klägerin hatte von der landwirtschaftlichen Berufsgenossenschaft ein Sterbegeld und eine Hinterbliebenenrente bewilligt erhalten. Die Klage gegen die Ehefrau als Anwesenseigentümerin hätte also schon deshalb abgewiesen werden müssen, weil eine strafrechtliche Verurteilung nicht erfolgt war. Das Berufungsgericht hatte den beklagten Ehemann als Bevollmächtigten seiner Ehefrau angesehen und die Klage gegen ihn auf Grund des § 899 RVO. abgewiesen. Dieser Auffassung trat das Reichsgericht entgegen. Die Entlastung der landwirtschaftlichen Betriebsunternehmer hat ihren Grund darin, daß an ihrer Stelle die Berufsgenossenschaft für die Folgen von Unfällen aufkommt. Für die Bevollmächtigten gilt das auf Grund der Annahme, daß sie zu den Leistungen der Berufsgenossenschaft herangezogen werden. Im vorliegenden Falle war aber der Beklagte selbst Halter des Zuchtbullen; er hatte ihn mit eigenen Mitteln erworben und nahm das Geld, das durch die Verwendung des Tieres erzielt wurde, regelmäßig an sich. Für die kleine Wirtschaft der Frau (20 Morgen) war das Halten eines Zuchtbullen nicht veranlaßt. Der Bescheid der landwirtschaftlichen Berufsgenossenschaft stand also der Haftung des Beklagten als Tierhalter nicht entgegen. In dem Umfang der Leistungen der Berufsgenossenschaft ging der Anspruch der Klägerin gegen den Beklagten auf die Berufsgenossenschaft über. (VI, 22. Oktober 1938.) Amtl. Sammlg. S. 341—346.

Vgl. Bd. 102 S. 131; Bd. 111 S. 159; Bd. 136 S. 345; Bd. 153 S. 38; RAG. Bd. 15 S. 208; JW. 1917 S. 287.

54. Unfruchtbarmachung. Kosten. Rechtsweg. Revisionsanträge. (RG. zur Verhütung erbkranken Nachwuchses § 13; GVG. § 13; ZPO. §§ 554, 554a). Ein Arzt, der an mehreren Frauen die durch das Erbgesundheitsgericht angeordnete Unfruchtbarmachung vorgenommen hatte, klagte gegen das Land Baden auf Zahlung der entsprechenden Gebühren. Die behandelten Frauen hatten ihm ihre Ansprüche abgetreten. Das Landgericht wies die Klage wegen Unzulässigkeit des Rechtswegs ab. Die unmittelbar eingelegte Revision hatte keinen Erfolg. Vor die ordentlichen Gerichte gehören alle bürgerlichen Rechtsstreitigkeiten, für die nicht entweder die Zuständigkeit von Verwaltungsbehörden oder Verwaltungsgerichten begründet ist oder besondere Gerichte bestellt oder zugelassen sind. Für die Prüfung der Frage, ob eine bürgerliche Rechtsstreitigkeit vorliegt, ist das tatsächliche Klagevorbringen maßgebend. Liegt nach diesem der Streit auf öffentlich-rechtlichem Gebiet, so ist der Rechtsweg auch dann unzulässig, wenn der Kläger seinen Anspruch durch Bezugnahme auf Vorschriften des bürgerlichen Rechts begründet. Das war hier der Fall. Durch das Gesetz zur Verhütung erbkranken Nachwuchses wird im Interesse des ganzen deutschen Volkes die Möglichkeit geschaffen, die Weitergabe von Erbkrankheiten zu verhindern. Nicht nur die Anordnung, sondern auch die Durchführung der Unfruchtbarmachung liegt auf öffentlich-rechtlichem Gebiet, ebenso die Verpflichtung zur Kostenzahlung. Bei Personen, die der Krankenversicherung angehören, trägt die Kosten die Krankenkasse, bei anderen Personen im Falle der Hilfsbedürftigkeit der Fürsorgeverband; in allen anderen Fällen trägt die Kosten bis zur Höhe der Mindestsätze der ärztlichen Gebührenordnung die Staatskasse, darüber hinaus die Person, an der der Eingriff vorgenommen worden ist. Bürgerlich-rechtliche Beziehungen zwischen dem Land einerseits und dem Arzt anderseits bestehen auf diesem Gebiete nicht. Schon zwischen dem Staat und den unfruchtbar gemachten Personen liegen solche Beziehungen nicht vor; soweit diesen durch den Eingriff höhere Kosten entstehen, als nach dem Gesetz die Staatskasse zu tragen hat, steht ihnen kein Anspruch auf Ersatz zu. — Die Revisionsschrift hatte keinen bestimmten Antrag enthalten; aus ihrer Begründung ergab sich aber mit Deutlichkeit, daß der Kläger erstrebte, die Zulässigkeit des Rechtswegs anerkannt zu sehen. Im Gegensatz zur bisherigen Rechtsprechung erklärte das Reichsgericht, daß dadurch die Revision nicht unzulässig gemacht wurde. (III, 28. Oktober 1938.) Amtl. Sammlg. S. 346—350.

Vgl. Bd. 74 S. 325; Bd. 102 S. 280; Bd. 115 S. 190; Bd. 117 S. 170; Bd. 125 S. 33; Bd. 145 S. 38; Bd. 146 S. 244; Bd. 150 S. 243.

55. Revisionssumme. Wertberechnung. Zinsen. (ZPO. §§ 4, 546.). Eingeklagt wurden 6500 RM. nebst 8% Zinsen. Zuerkannt wurden 1300 RM. nebst 5% Zinsen. Der Streitwert für den dritten Rechtszug betrug also nur 5200 RM. Der Kläger versuchte, die Revisionssumme durch Einberechnung der Zinsen, soweit sie 5% übersteigen, zu erreichen. Das Reichsgericht lehnte das ab. Zinsen, die über den gesetzlichen Zinssatz hinaus zum Ausgleich eines Schadens gefordert werden, verlieren dieses Zwecks wegen nicht die Rechtsnatur von Zinsen und sind darum bei der Wertbemessung außer Betracht zu lassen. (VI, 29. Oktober 1938.) Amtl. Sammlg. S. 350—351.

Vgl. JW. 1927 S. 1308, 2129.

56. Kraftwagenverkehr. Aufsichtspflicht. (BGB. § 831.) Ein Lastkraftwagen fuhr in eine Menschenmenge hinein und tötete mehrere Personen. Gegen den Halter des Wagens wurde auf Schadenersatz geklagt. Das Berufungsgericht stellte fest, daß der Beklagte allen aus dem Unfall entstandenen und noch entstehenden Schaden zu tragen habe. Das Reichsgericht verwies die Sache zurück. Der vom Beklagten mit der Führung des Wagens betraute Arbeiter hatte die Führung unbefugt einem anderen Arbeiter überlassen, der darin nur geringe Erfahrung hatte. Obwohl der Beklagte nachgewiesen hatte, daß er den Führer mit genügender Sorgfalt ausgewählt und auch beaufsichtigt hatte, war das Berufungsgericht der Auffassung gewesen, daß er verpflichtet gewesen wäre, den Führer dahin zu verwarnen, daß er niemandem die Führung überlassen dürfe. Das erklärt das Reichsgericht für zu weitgehend. Es gehörte zu den selbstverständlichen Pflichten des Führers, daß er die Führung nicht an andere Personen abgeben durfte. Diese Selbstverständlichkeit ihm noch besonders einzuschärfen hatte der Beklagte keinen Anlaß. Wenn auch an die dem Fahrzeughalter seinem Wagenführer gegenüber obliegende Aufsichts- und Überwachungspflicht strenge Anforderungen zu stellen sind, dürfen diese doch nicht überspannt werden. Das Berufungsgericht hatte auch nicht geprüft, ob der Wagen nicht eine höhere Geschwindigkeit als 20 Kilometer in der Stunde erreichen konnte und demgemäß die Haftung des Beklagten nach dem Kraftfahrzeuggesetz zu beurteilen war. Das Reichsgericht wies auch darauf hin, daß bei der Auswahl des Führers nicht nur dessen technische Eignung, sondern auch seine Charaktereigenschaften, insbesondere seine Zuverlässigkeit, auch im Hinblick auf den Genuß von Alkohol, zu beachten sei. (VI, 2. November 1938.)

Amtl. Sammlg. S. 352—357.

Vgl. Bd. 135 S. 156; Bd. 136 S. 11; Bd. 142 S. 362; JW. 1932 S. 2013.

57. Anfechtung der Ehelichkeit. Fristversäumung. Höhere Gewalt. Ruhen des Verfahrens. Haftung des Vertretenen für

Verschulden des Vertreters. (BGB. §§ 203, 211, 212, 278, 1594, 1596.) Durch ein Urteil vom 29. Dezember 1928 wurde eine Ehe geschieden. Während des Verfahrens, am 16. Juli 1928, hatte die Frau ein Kind geboren. Im Urteil wurde festgestellt, daß die Ehegatten seit 5. Februar 1927 getrennt lebten und daß seit der Trennung kein ehelicher Verkehr mehr stattgefunden hatte. Am 6. Mai 1929 bat der Ehemann um das Armenrecht für eine Klage auf Anfechtung der Ehelichkeit des Kindes. Dem Gesuch wurde am 14. Juni 1929 entsprochen. Die Zustellung der Klage verzögerte sich durch Verschulden des dem Kläger beigegebenen Armenanwalts bis zum 16. Oktober 1929. Durch Beschluß vom 10. April 1930 entzog das Landgericht dem Kläger das Armenrecht wegen Aussichtslosigkeit der Rechtsverfolgung. Im Termin vom 8. Mai 1930 erschien keine der Parteien. Das Gericht ordnete das Ruhen des Verfahrens an. Es wurde erst im Jahr 1937 wieder aufgenommen. Das Landgericht stellte fest, daß der Beklagte kein eheliches Kind des Klägers sei. Berufung und Revision hatten keinen Erfolg. Der Entscheidung des Reichsgerichts waren die §§ 1593ff. BGB. in der ihnen durch das Gesetz vom 12. April 1938, das nach der letzten Verhandlung vor dem Berufungsgericht in Kraft getreten war, gegebenen Fassung zugrunde zu legen. Sie hing davon ab, ob die Ehelichkeit des Beklagten rechtzeitig angefochten worden war. Die Frist beginnt nach der neuen Fassung des § 1594 BGB. mit dem Zeitpunkt, in dem der Mann Kenntnis von den Umständen erlangt, die für die Unehelichkeit des Kindes sprechen. Aus den Feststellungen des Berufungsgerichts ergab sich, daß der Kläger von der Geburt des Kindes spätestens am 10. Oktober 1928 Kenntnis erlangt hatte; damit war ihm nach Lage der Sache auch die Kenntnis der Umstände vermittelt, aus denen sich die Unehelichkeit des Beklagten ergab. Durch die am 16. Oktober 1929 erfolgte Klagezustellung war die Anfechtungsfrist nur gewahrt, wenn ihr Lauf gehemmt war. Das Landgericht hatte sich unter bewußter Abweichung von der Rechtsprechung des Reichsgerichts auf den Standpunkt gestellt, daß dem Kläger die Säumnis des ihm beigegebenen Armenanwalts nicht zuzurechnen sei und daß darum die Säumnis sich für ihn als höhere Gewalt darstelle, die den Lauf der Anfechtungsfrist hemmte. Das Reichsgericht trat unter Preisgabe seiner bisherigen Einstellung dieser Auffassung bei. Ein allgemeiner Grundsatz, daß der Vertretene für das Verschulden seines Bevollmächtigten oder sonstigen Vertreters in jedem Falle einzustehen habe, ist

dem geltenden Rechte fremd. Die Vorschrift des § 278 BGB. bezieht sich nur auf die Erfüllung von Verbindlichkeiten. Daß dem Kläger kein eigenes, der Annahme höherer Gewalt entgegenstehendes Verschulden zur Last zu legen sei, hatte das Berufungsgericht ohne Rechtsirrtum dargetan. Dem Umstand, daß der Rechtsstreit nahezu 7 Jahre geruht hatte, kam keine Bedeutung zu. Eine Unterbrechung des Laufs der Anfechtungsfrist in der Weise, daß mit Beendigung der Unterbrechung eine neue Frist zu laufen begänne, ist dem Gesetz unbekannt. Nur für den Fall der Zurücknahme der Klage ist in § 1596 BGB. vorgeschrieben, daß die Anfechtung in diesem Falle als nicht erfolgt anzusehen ist. Das bloße Ruhen des Verfahrens kann aber der Zurücknahme der Klage nicht gleichgestellt werden. (IV, 3. November 1938.) Amtl. Sammlg. S. 357—362.
Vgl. JW. 1932 S. 1350; 1938 S. 176.

58. Bewegliche Sache. Bestandteil. Zubehör. Revisibilität. (BGB. §§ 90, 94; ZPO. § 549.) Zwischen dem Land Braunschweig und dem vormals regierenden herzoglichen Haus wurde am 23. Juni 1925 ein Auseinandersetzungsvertrag geschlossen, der vom Landtag genehmigt und als Anlage zu dem Gesetz über die Auseinandersetzung vom 23. Oktober 1925 veröffentlicht wurde. Nach dem Vertrag verblieben die beweglichen Sachen der ehemaligen Hofstatt dem herzoglichen Haus nach einer von ihm zu treffenden Auswahl. Der Vertreter des herzoglichen Hauses nahm bei dieser Auswahl auch die im Schloß in Braunschweig befindlichen Holztäfelungen der sog. Wolfenbütteler Zimmer in Anspruch, erklärte sich aber bereit, den Anspruch auf Herausgabe erst geltend zu machen, wenn die Täfelungen aus dem Schloß entfernt würden. Die Täfelungen stammten aus dem Anfang des 18. Jahrhunderts, befanden sich ursprünglich im Schloß in Wolfenbüttel, wurden aber, da dieses Schloß zu Schulzwecken umgebaut wurde, in den Jahren 1908 bis 1911 in das Schloß in Braunschweig verbracht und dort in zwei für diesen Zweck besonders hergerichtete Räume eingebaut. Im Jahr 1919 wurden sie aus diesen Räumen in andere übertragen und dort ebenfalls eingebaut; die Arbeiten kosteten etwa 6000 RM. Im Jahr 1934 wurde das Schloß in Braunschweig zur Reichsführerschule der SS bestimmt; bei dem Umbau wurden die Täfelungen herausgenommen und eingelagert. Das herzogliche Haus klagte nunmehr auf Herausgabe. Das Berufungsgericht wies die Klage ab. Die Revision hatte keinen Erfolg. Das Urteil des Berufungsgerichts war damit begründet, daß die Täfelungen bis zum Jahr 1934 Bestandteil des Schlosses gewesen und deshalb nicht unter das auf bewegliche Sachen beschränkte Auswahlrecht des herzoglichen Hauses gefallen seien. Da das braunschweigische Landesrecht irrevisibel ist, fragte es sich vor allem, ob die Frage nur nach diesem Recht zu entscheiden war. Das wäre der Fall gewesen, wenn der Begriff der beweglichen Sache in dem Auseinandersetzungsvertrag, der in der Form eines braunschweigischen Landesgesetzes staatlich genehmigt worden war, anders verstanden gewesen wäre als im Bürgerlichen Gesetzbuch. Dafür lag kein Anhaltspunkt vor. Demgemäß war die Annahme des Berufungsgerichts, daß die Täfelungen nicht bewegliche Sachen gewesen seien, vom Reichsgericht nachzuprüfen. Als wesentliche Bestandteile des Schlosses konnten die Täfelungen, die darin wiederholt ihre Stelle gewechselt hatten, nicht angesehen werden, wohl aber als einfache Bestandteile. Nach dem natürlichen Wortsinn hat ein Sachbestandteil, mag er wesentlich sein oder nicht, als bloßer Teil einer Sache kein eigenes Dasein. Im Gegensatz zum Zubehörstück, das unter Wahrung seiner Selbständigkeit den wirtschaftlichen Zweck der Hauptsache zu fördern bestimmt ist und zu ihr in einem diesem Zweck entsprechenden räumlichen Verhältnis steht, dient der Bestandteil zur Vollendung der Hauptsache, geht in ihr auf und büßt damit seine körperliche Selbständigkeit ein. Wesentliche und unwesentliche Bestandteile unterscheiden sich nur insofern voneinander, als die unwesentlichen Bestandteile Gegenstand besonderer Rechte sein können; für den Bereich dieser Rechte sind sie als selbständige Sachen zu behandeln. Wird eine bewegliche Sache Bestandteil eines Grundstücks, so nimmt sie damit für die Dauer der Verbindung die Eigenschaft einer unbeweglichen Sache an. Nach dem Gutachten eines Kunstverständigen waren die Täfelungen während ihrer Aufstellung im Schloß in Braunschweig nicht als Bestandteil des Schlosses anzusehen, weil die in ihnen verkörperte Kunstrichtung des Barock nicht zum klassizistischen Stil des Schlosses passe. Dabei waren die auch bei einem Kunstwerk vom Range der streitigen Täfelungen zu beachtenden wirtschaftlichen und rechtlichen Gesichtspunkte ganz unberücksichtigt gelassen. Mit Recht hatte das Berufungsgericht auf diese Gesichtspunkte das Schwergewicht gelegt. Der künstlerische Eigenwert der Täfelungen stand einer Bestandteilseigenschaft so wenig entgegen, als das etwa bei einem mit Glasmalereien geschmückten Kirchenfenster der Fall wäre. Die Schloßräume waren unter Aufwendung beträchtlicher Kosten für die Aufnahme der Täfelungen hergerichtet worden, und demzufolge war auch der spätere Wiederausbau der Täfelungen schwierig und teuer; daraus konnte ohne Rechtsirrtum auf die Festigkeit der Verbindung geschlossen werden. Die Täfelungen wären immerhin nicht Bestandteil des Schlosses gewesen, wenn sie an ihrem Aufstellungsort nur zu einem vorübergehenden Zweck eingefügt gewesen wären. Das Berufungsgericht hatte hiefür von der Klagepartei einen Nachweis verlangt und diesen für nicht geführt erachtet. Das Reichsgericht erklärte die hiegegen von der Revision vorgebrachten Bedenken nicht für durchgreifend. Der Zustand, wie er im Jahr 1919 hergestellt worden war und im Jahr 1926 bestand, war nicht als vorübergehend gedacht; das ergab sich schon aus den hohen Aufwendungen, die dafür gemacht worden waren. (V, 14. November 1938.)

Amtl. Sammlg. S. 372—377.

Vgl. Bd. 55 S. 281; Bd. 67 S. 30; Bd. 69 S. 117; Bd. 78 S. 155; Bd. 87 S. 43; Bd. 109 S. 8; Bd. 120 S. 198; Bd. 136 S. 211; Bd. 152 S. 29; Bd. 153 S. 231; JW. 1918 S. 94; 1932 S. 1200; 1936 S. 1841; 1937 S. 3050; 1938 S. 944, 2618.

59. Auskunftspflicht. Treu und Glauben. (BGB. §§ 242, 823, 824, 1004; UnlWG. §§ 1, 14.) Der Inhaber einer Fabrik brachte in Erfahrung, daß der Inhaber einer anderen Fabrik, mit dem er in Wettbewerb stand, über ihn behauptet habe, er befinde sich in wirtschaftlichen Schwierigkeiten. Er klagte gegen ihn auf Unterlassung dieser Behauptung, Auskunfterteilung, wem gegenüber er sie aufgestellt habe, und Zurücknahme der Behauptung gegenüber diesen Personen. Die Untergerichte hatten nur der Unterlassungsklage stattgegeben. Das Reichsgericht verwies die Sache zurück. Die Ansprüche waren von den Untergerichten nur aus dem Gesichtspunkt des Schadenersatzes nach § 824 BGB. geprüft worden. Das erklärte das Reichsgericht für nicht erschöpfend. Abgesehen davon, daß die Ansprüche als Schadenersatzansprüche sehr wohl in § 823 BGB. in Verbindung mit §§ 185, 186 StGB. und in den §§ 1, 14 UnlWG. wurzeln konnten, fanden sie ihre Rechtsgrundlage als negatorische Beseitigungsansprüche auch in § 1004 BGB. Das Reichsgericht hat allerdings bisher ein Recht auf Auskunfterteilung immer nur im Zusammenhang mit einem Schadenersatzanspruch anerkannt, dessen Vorbereitung die Auskunft dienen sollte. Der zugrundeliegende Gedanke, daß nach den Grundsätzen von Treu und Glauben dem Berechtigten ein Anspruch auf Auskunft bei Rechtsverhältnissen zu gewähren ist, deren Wesen es mit sich bringt, daß der Berechtigte entschuldbarerweise über Bestehen und Umfang seines Rechts im Ungewissen, der Verpflichtete dagegen in der Lage ist, unschwer solche Auskunft zu erteilen, muß aber in gleicher Weise platzgreifen, wenn es sich darum handelt, einem Anspruch auf Beseitigung einer Beeinträchtigung zur Verwirklichung zu verhelfen, der unerfüllt bliebe, wenn der Verpflichtete nicht gehalten wäre, den Umfang der Beeinträchtigung zu offenbaren. Besteht Grund zu der Annahme, daß der, welcher eine unwahre Behauptung zu widerrufen hat, diese nicht nur einem bekannten Dritten, sondern auch anderen gegenüber aufgestellt hat, so entspricht es dem aus § 242 BGB. abzuleitenden, das gesamte Schuldrecht beherrschenden Grundsatz von Treu und Glauben, daß er seiner Verpflichtung in einer Weise nachkommt, die eine völlige Beseitigung der Beeinträchtigung verbürgt. Das kann nicht anders als durch Auskunfterteilung darüber geschehen, wem gegenüber er die zu widerrufende Behauptung aufgestellt hat. Voraussetzung ist, daß der Berechtigte Anhaltspunkte dafür beibringt, daß die Beschuldigung auch Dritten gegenüber ausgesprochen worden ist. (II, 19. November 1938.) Amtl. Sammlg. S. 377—380.

Vgl. Bd. 108 S. 1; Bd. 141 S. 403; JW. 1927 S. 1575; 1935 S. 2723.

60. Ärztliche Tätigkeit. Mitarbeit der Ehefrau. Verneinende Feststellungsklage. (BGB. § 1356; ZPO. §§ 256, 308.) Die Ehe eines Arztes wurde aus Alleinverschulden des Mannes geschieden. Die Frau erhob Anspruch auf Beteiligung an dem Kapitalwert und den Erträgnissen des von ihrem Manne betriebenen Instituts für Röntgenologie, weil dieses aus gemeinsamen Mitteln errichtet worden sei und sie darin von Anfang an mitgearbeitet und eine über ihre Verpflichtung als Ehefrau hinausgehende Tätigkeit entfaltet habe. Der Arzt klagte auf Feststellung, daß der Frau ein Anspruch auf einen Teil seiner Einnahmen oder ein sonstiges Entgelt für ihre Tätigkeit innerhalb seiner ärztlichen Praxis weder als Bestandteil ihres eingebrachten Gutes noch ihres Vorbehaltsgutes zustehe. In zwei Rechtszügen wurde die Klage abgewiesen. Das Reichsgericht verwies die Sache zurück. Aus der Begründung der Klage ergab sich, daß damit sowohl die Verneinung von gesellschaftsrechtlichen Ansprüchen auf Beteiligung an dem Kapitalwert und den Erträgnissen eines gemeinsam betriebenen Geschäfts als auch von arbeitsrechtlichen Ansprüchen auf Entlohnung von Diensten erstrebt wurde. Das angefochtene Urteil hatte festgestellt, daß

der Beklagten entweder Ansprüche der einen oder der anderen Art zuständen, hatte aber offengelassen, welcher Art die Ansprüche sein sollten. Das zwang zu einem neuen Rechtsstreit über die unentschieden gelassene Frage. Für die neue Verhandlung wies das Reichsgericht auf eine Reihe von Punkten hin. Auch wenn die Frau in weiterem Maße, als ihre Pflicht war, in der Praxis ihres Mannes mitgewirkt hatte, ergab sich daraus nicht unter allen Umständen ein Anspruch auf Beteiligung am Geschäftsertrag oder auf Entlohnung ihrer Dienste; es war möglich, daß ihr bei ihrer Tätigkeit die Absicht auf Erlangung eines solchen Entgelts fehlte, sei es, weil sie lediglich aus idealen Gründen ihrem Manne die Arbeit erleichtern wollte, sei es, daß sie in der Erhöhung der gemeinsamen Lebensführung und in dem ihr beim Ableben ihres Mannes zufallenden Erbteil einen hinreichenden Ausgleich zu finden hoffte. Rechtsirrig war allerdings die Meinung der Revision, gesellschaftliche Ansprüche könnten der Frau nur zustehen, wenn der Mann ein Gewerbe betrieben hätte, seien aber ausgeschlossen gegenüber einem Unternehmen, bei dem rein ärztliche Dienste neben anderen gewährt würden und die dafür geforderten Vergütungen sich ungetrennt auf beide bezögen, weil ein Arzt sich nicht mit einem Nichtarzt zu gemeinsamer Praxis verbinden dürfe. Diese Beschränkung gilt aber nur für die ärztliche Tätigkeit im eigentlichen Sinne. Entscheidend war auch nicht, ob der Kläger nach außen hin als alleiniger Eigentümer des Instituts aufgetreten war; es gibt auch Gesellschaften, die sich lediglich im Verhältnis der Teilnehmer zueinander auswirken (sog. Innengesellschaften), und bei denen der stille Gesellschafter nach außen als solcher nicht in die Erscheinung tritt, sondern nur verlangen kann, bei der Gewinnverteilung und Auseinandersetzung wie ein Gesellschafter behandelt zu werden. Für einen etwaigen gesellschaftsrechtlichen Anspruch der Beklagten kam es nicht auf das Gesamtvermögen des Klägers an, sondern nur auf den Wert des gemeinsamen Unternehmens zur Zeit des Ausscheidens der Beklagten aus ihm. (IV, 1. Dezember 1938.) Amtl. Sammlg. S. 380—384.
Vgl. JW. 1931 S. 1556.

61. Patent. Nichtigkeit. Rechtskraft. Unteranspruch. Nebenanspruch. (PatG. §§ 1, 3, 37.) In einem früheren Rechtsstreit waren auf die Nichtigkeitsklage einer anderen Klägerin die auf Patentanspruch 1 verweisenden Patentansprüche 5 und 6 des DRP. 281182 mit Wirkung vom 19. Februar 1934 an für nichtig erklärt worden, weil die Patentinhaberin an diesem

Tage auf den Patentanspruch 1 verzichtet hatte und den Patentansprüchen 5 und 6 die Bedeutung einer selbständigen Erfindung neben Patentanspruch 1 nicht zuerkannt wurde. In dem neuen Rechtsstreit beantragte die Klägerin, die Patentansprüche 1, 2, 5 und 6 des gleichen Patents ohne zeitliche Beschränkung für nichtig zu erklären. Das Patentamt gab dem Antrag statt. Es nahm Nämlichkeit (Identität) der Patentansprüche 1 und 2 des angefochtenen Patents mit dem älteren Patent der Klägerin an und vernichtete die Patentansprüche 5 und 6 mit der Begründung, daß nach der früheren Entscheidung des Reichsgerichts sich die Nichtigkeit des Patentanspruchs 1 ohne weiteres auf die Ansprüche 5 und 6 erstrecke. Das Reichsgericht wies die Nichtigkeitsklage hinsichtlich der Patentansprüche 5 und 6 ab. Durch das frühere Urteil des Reichsgerichts waren die Patentansprüche 5 und 6 nur mit Wirkung vom 19. Februar 1934, dem Tage der Verzichterklärung, gestrichen worden. Auf mehr konnte das Reichsgericht, das die Nichtigkeit der Ansprüche ausschließlich aus der Nichtigkeit des Anspruchs 1 folgerte, nicht erkennen, weil der Verzicht nur in die Zukunft wirkte. Die Gründe einer Entscheidung nehmen an der Rechtskraft nicht teil. Soweit beantragt war, die Ansprüche 5 und 6 für die Zeit vor dem Verzicht zu streichen, hatte das Reichsgericht die Klage abgewiesen, weil es Nämlichkeit mit dem Patent der Klägerin verneinte. Auch dieser Teil des früheren Urteils schaffte wegen der Verschiedenheit der Parteien für den vorliegenden Streit keine Rechtskraft, obwohl es sich um das gleiche Patent handelte. Für den nunmehrigen Rechtsstreit ergab sich die Frage, ob aus der jetzt rechtskräftig erkannten zeitlich unbeschränkten Nichtigkeit des Anspruchs 1 notwendig die zeitlich unbeschränkte Nichtigkeit der Ansprüche 5 und 6 folgte. In dem früheren Rechtsstreit hatte das Reichsgericht die Ansprüche 5 und 6 als unechte Unteransprüche des Anspruchs 1 angesehen. Ein echter Unteranspruch gestaltet den Erfindungsgedanken des Hauptanspruchs lediglich aus, ohne daß diese Ausgestaltung selbst wieder erfinderischen Gehalt hat; es genügt, daß die Ausgestaltung zweckmäßig und keine glatte Selbstverständlichkeit ist. Der ausgestaltende Gedanke ist daher für sich, losgelöst vom Gedanken des Hauptanspruchs, nicht schutzfähig und muß notwendig dessen Rechtsschicksal teilen. Dagegen ist der unechte, einen eigenen Erfindungsgehalt tragende Unteranspruch eines selbständigen Schutzes und also auch eines von dem des Hauptanspruchs unabhängigen Rechtsbestandes fähig; die Nichtigkeit des Hauptanspruchs ergreift ihn nicht ohne weiteres mit. Die Fassung, die das Patentamt den Ansprüchen gibt, ist für das Gericht nicht bindend. Da das Unterscheidungsmerkmal darin liegt, daß der unechte Unteranspruch eigenen erfinderischen Gehalt hat, müssen hier die Fragen gestellt und beantwortet werden, die sonst im Nämlichkeitsstreit auszuscheiden haben, das sind die Fragen nach Neuheit, Fortschrittlichkeit und Erfindungshöhe des Unteranspruchs zur Zeit der Anmeldung. Vom Unteranspruch unterscheidet sich der Nebenanspruch dadurch, daß er selbständig eine Erweiterung der Erfindung des Hauptanspruchs enthält. Für den Nebenanspruch gilt in erhöhtem Maße, daß er wegen bloßer Abhängigkeit von einem vernichteten Hauptanspruch nicht gestrichen werden kann. (I, 29. April 1938.) Amtl. Sammlg. S. 385—388.

62. Tierschaden. Biene. Mitverschulden. (BGB. §§ 254, 833.) Auf einem Truppenübungsplatz wurde ein Gespann, das dicht hinter einem Bienenstand hielt, von einem Bienenschwarm überfallen. Mehrere Pferde verendeten infolge der Stiche; auch ein Teil der Mannschaft wurde verletzt. Die Aufstellung des Bienenstandes war von der Heeresverwaltung genehmigt; in dem Vertrag hatte diese erklärt, daß sie für etwaige Unfälle keine Haftung übernehme. Das Deutsche Reich klagte gegen den Eigentümer des Bienenstandes auf Schadenersatz. Das Berufungsgericht gab der Klage statt. Das Reichsgericht verwies die Sache zurück. Der Auffassung der Revision, daß die Biene ein Haustier sei, trat das Reichsgericht nicht bei. Unter Haustieren sind jene Arten von zahmen Tieren zu verstehen, die in der Hauswirtschaft zu dauernder Nutzung oder Dienstleistung gezüchtet und gehalten zu werden pflegen und dabei auf Grund von Erziehung und Gewöhnung der Beaufsichtigung und dem beherrschenden Einfluß des Halters unterstehen. Bei den Bienen fehlt es an der Möglichkeit einer derartigen Beaufsichtigung und Beherrschung. Weiter war in der Revision ausgeführt, die Ausdünstung der dampfenden Pferde habe wie ein äußerer Zwang auf die Bienen eingewirkt, so daß sie nicht mehr selbständig und willkürlich gehandelt hätten, sondern nur Werkzeug einer von außen auf sie wirkenden Kraft gewesen seien. Das Berufungsgericht hatte auf Grund der allgemeinen Lebenserfahrung festgestellt, daß die Ausdünstung schwitzender Pferde kein außergewöhnliches, mit unwiderstehlicher Gewalt über die Bienen hereinbrechendes Ereignis, sondern nur einen äußeren Reiz für den Überfall darstellte, und daß das Verhalten der Bienen ihrer tierischen Natur entsprechend selbsttätig und willkürlich gewesen sei. Das Reichsgericht erklärte hierzu, daß diese tatsächlichen Feststellungen keinen rechtlichen Bedenken unterlagen, ebensowenig wie die Bejahung eines ursächlichen Zusammenhangs zwischen der Unterhaltung des Bienenstandes und dem eingetretenen Schaden. Mit Unrecht hatte aber das Berufungsgericht ein Mitverschulden der Heeresverwaltung an dem Unfall verneint. Die Vereinbarung, auf Grund deren der Bienenstand aufgestellt worden war, begründete nach Treu und Glauben eine Pflicht der Heeresverwaltung, alles Notwendige zur Abwendung von Gefahren zu tun, die sich aus dem Bienenstand für Truppen und Pferde ergaben. Die Stelle der Vereinbarung, durch welche die Heeresverwaltung ihre Haftung für Unfälle ausschloß, befreite sie nicht von dieser Verpflichtung. Dieses Verschulden war mitursächlich für den Unfall gewesen. (VI, 19. November 1938.) Amtl. Sammlg. S. 388—394.

Vgl. Bd. 141 S. 407.

63. Unterpacht. Verwendungsansprüche. Rechtsnachfolge. Vertragsauslegung. (BGB. §§ 93, 547, 812, 946, 951, 987, 999.) Die Stadt Berlin verpachtete im Jahr 1923 ein Grundstück auf 10 Jahre zum Zweck der Errichtung und den Betrieb eines Lichtspieltheaters. Der Pachtpreis wurde auf jährlich 10500 Goldmark festgesetzt. Der Pächter verpflichtete sich, die erforderlichen Einrichtungen auf seine Kosten herzustellen; alle Neubauten, Ein- und Umbauten sollten bei Beendigung des Rechtsverhältnisses ohne Entschädigung in das Eigentum der Stadt übergehen. Im Jahr 1925 wurde der Vertrag dahin umgeändert, daß der jährliche Pachtpreis auf 14000 Goldmark bemessen und die Vertragsdauer bis 1954 erstreckt wurde. Im Jahr 1929 verpachtete der Pächter das Grundstück mit dem Theater an eine G. m. b. H. gegen eine Abfindung von 550000 RM. und einen jährlichen Pachtpreis von 55000 RM. für die Zeit von 1929 bis 1944. Auch in diesem Vetrag war vorgesehen, daß die Unterpächterin sich verpflichtete, alle notwendigen Bauten und Einrichtungen auf eigene Kosten herzustellen und hierfür bei Beendigung des Vertrages keine Entschädigung zu verlangen. Die G. m. b. H. ließ das Theater fertig ausbauen und verpachtete es weiter gegen einen Jahreszins von 87500 RM. Im August 1934 kündigte die Stadt Berlin den Pachtvertrag fristlos. Der Rechtsstreit wurde im Februar 1936 zu ihren Gunsten entschieden. Der Inhaber des Theaters gab dieses an die Stadt heraus und schloß mit ihr einen neuen Pachtvertrag. Die G. m. b. H. klagte gegen die Stadt Berlin auf Ersatz ihrer Aufwendungen. Sie behauptete, der Pächter habe das Theater mit einem Aufwand von 550000 RM. hergestellt; durch die Abfindung, die sie ihm gezahlt habe, seien seine Ansprüche auf sie übergegangen. Weiter habe sie noch 200000 RM. aufgewandt. Mit der Klage machte sie einen Teilbetrag von 133000 RM. geltend. Das Berufungsgericht wies die Klage ab. Die Revision der Klägerin wurde zurückgewiesen. Wenn dem Pächter Ansprüche gegen die Beklagte zustanden, waren diese durch den Abschluß des Unterpachtvertrages nicht auf die Klägerin übergegangen. In der Unterverpachtung liegt keine Rechtsnachfolge. Auch aus der Abfindungsklausel ließ sich eine solche Rechtsnachfolge im Wege der ergänzenden Auslegung nicht herleiten. Die Auslegung eines Vertrages darf nur der Willensdeutung dienen, niemals aber eine Willensergänzung sein. Das Berufungsgericht hatte einwandfrei dargelegt, daß der Pächter und die Klägerin beim Abschluß des Unterpachtvertrages und bei der Vereinbarung der Abfindungsverpflichtung gar nicht den Willen haben konnten, Ansprüche des Pächters gegen die Stadt an die Klägerin abzutreten, da solche nach ihrer Vorstellung überhaupt nicht entstehen konnten. Die Abfindung fand ihre völlig ausreichende Erklärung darin, daß der Pächter Aufwendungen für das Theater gemacht hatte, die sich im Laufe der Zeit abzahlen sollten, daß er aber vom eigenen Betrieb des Theaters absah und damit den für die Tilgung der Aufwendungen vorgesehenen Ertrag der Klägerin überließ. Auch für ihre eigenen Aufwendungen konnte die Klägerin von der Stadt keinen Ersatz verlangen. Der Pächter hatte sich der Stadt gegenüber verpflichtet, die für den Betrieb eines Lichtspieltheaters erforderlichen Einrichtungen auf seine Kosten herzustellen; alle Neubauten, Ein- und Umbauten sollten bei Beendigung des Rechtsverhältnisses ohne Entschädigung in das Eigentum der Stadt übergehen. Sie gingen in das Eigentum der Stadt sogar schon im Zeitpunkt ihrer Verbindung mit dem Grundstück über, da sie wesentliche Bestandteile des Grundstücks wurden und die Verbindung nicht nur zu vorübergehendem Zweck geschah. Es konnte also nur ein Ersatz des Wertes oder der Aufwendungen für den Pächter in Frage kommen. Die Abmachung kostenloser Zurücklassung der Bestandteile war im Vertrag allerdings nur unter der Voraussetzung des Ablaufs seiner vollen Dauer getroffen worden. Wegen der vorzeitigen Beendigung stand ihm keinesfalls ein Anspruch infolge der Tatsache zu, daß er Verwendungen gemacht hatte, sondern nur deshalb, weil die Stadt vorzeitig in den Besitz und Genuß der Einbauten gelangt war, welche die Aufwendungen verursacht hatten. Durch die Unterpacht konnten die rechtlichen Befugnisse der Stadt nicht geschmälert werden. Der Unterpachtvertrag wiederholte auch aus dem Hauptpachtvertrag die Bestimmung über den kostenlosen Übergang der Einbauten auf die Stadt. Der Klägerin war bewußt, daß der Pächter hierzu verpflichtet war, und sie übernahm die gleiche Verpflichtung. Mit den von ihr aufgeführten Bauten erfüllte sie zugleich die Verpflichtung, die der Pächter gegenüber der Stadt eingegangen hatte. Wer auf die Schuld eines Dritten leistet, hat keinen Bereicherungsanspruch gegen den Gläubiger, wenn sich herausstellt, daß die Schuld nicht bestanden hat; nur der vermeintliche Schuldner kann unter solchen Umständen Bereicherungsansprüche haben. Deshalb brauchte nicht entschieden zu werden, ob der Pächter auch bei vorzeitiger Vertragsbeendigung an den Verzicht auf Erstattungsansprüche gebunden blieb. Die Klägerin konnte, da sie die Verzichtsklausel auf sich genommen hatte, wegen der vorzeitigen Vertragsbeendigung gegen den Pächter nur einen Bereicherungsanspruch wegen vorzeitiger Überlassung des Besitzes und des Nutzungsrechts haben, das sie zu anderer Zeit, nämlich beim vorgesehenen Vertragsende, unentgeltlich überlassen mußte. Dieser Anspruch richtete sich nur gegen den Pächter, nicht gegen die Stadt. Die Richtigkeit dieses Ergebnisses leuchtet ohne weiteres ein, wenn man sich vor Augen hält, daß die vereinbarte Vertragsdauer beim Hauptvertrag und beim Unterpachtvertrag nicht gleich zu sein brauchte, auch tatsächlich im vorliegenden Falle verschieden war. Aus der Dauer des einzelnen Vertrags ergibt sich bei vorzeitiger Beendigung allein das Vorliegen und der Umfang einer Bereicherung; beides hängt davon ab, um wieviel zu früh das Rechtsverhältnis geendet hat. Unter Umständen kann ein Bereicherungsanspruch im Verhältnis des Pächters zum Verpächter gegeben sein, im Verhältnis des Unterpächters zum Unterverpächter aber ganz fehlen, und ebenso kann die Höhe der Ansprüche in beiden Fällen verschieden sein. (IV, 1. Dezember 1938.) Amtl. Sammlg. S. 394—404.

Vgl. Bd. 150 S. 193.

Gesetzesregister.

Seitenzahlen der amtlichen Sammlung.

1 1—6; **2** 6—16; **3** 16—17; **4** 18—27; **5** 27—33; **6** 34—40;
7 40—49; **8** 50—53; **9** 53—56; **10** 57—64; **11** 65—79;
12 79—83; **13** 83—95; **14** 95—100; **15** 100—113; **16** 113—119;
17 119—129; **18** 130—137; **19** 137—141; **20** 141—144;
21 145—156; **22** 156—164; **23** 164—166; **24** 166—176;
25 176—179; **26** 180—185; **27** 185—189; **28** 189—192;
29 193—195; **30** 195—198; **31** 199—204; **32** 204—210;
33 210—216; **34** 217—219; **35** 219—222; **36** 222—223;
37 223—225; **38** 226—235; **39** 235—242; **40** 242—248;
41 248—256; **42** 257—268; **43** 268—277; **44** 277—284;
45 284—291; **46** 291—294; **47** 294—302; **48** 302—315;
49 315—318; **50** 319—320; **51** 321—334; **52** 334—341;
53 341—346; **54** 346—350; **55** 350—351; **56** 352—357;
57 357—362; **58** 362—377; **59** 377—380; **60** 380—484;
61 385—388; **62** 388—394; **63** 394—404.

Sachregister.

Guttentagsche Sammlung / Schweitzers Textausgaben

Soeben erschien:

Die neuen Kriegsgesetze

(Mit Durchführungsverordnungen und Verfügungen)

Für die Praxis der Behörden und der Wirtschaft zusammengestellt

Unter Mitwirkung von Sachbearbeitern aus Reichsministerien herausgegeben von

Staatssekretär Dr. R. Freisler und

Ministerialrat Dr. K. Krug

im Reichsjustizministerium

Hauptband Preis **RM. 8.—**. Erste Ergänzung **RM. 12.—**

Durch Ergänzungen werden die Sammlung und die einzelnen Abteilungen auf dem laufenden gehalten werden

Der Inhalt ist in folgende Abteilungen gegliedert:

I. Öffentliche Ordnung / **II. Kriegsorganisation** (1. Verwaltung, 2. Wirtschaft) / **III. Rechtspflege** / **IV. Wirtschaftsrecht** (1. Handel u. Gewerbe, 2. Warenverkehr, 3. Preisvorschriften, 4. Geld, Bank, Börse) / **V. Arbeits- u. Sozialrecht** / **VI. Steuerrecht** / **VII. Verbrauchsgüterregelung** (1. Lebensmittel, 2. Wirtschaftsgüter) / **VIII. Verkehrsrecht** / **IX. Wehrrecht u. Luftschutz** (1. Wehrrecht, 2. Wehrleistungsrecht, 3. Luftschutz, 4. Arbeitsdienst) / **X. Verschiedenes.**

Die Sammlung bietet in fachkundiger, zuverlässiger und vollständiger Zusammenstellung, gegliedert in Abteilungen, alle Kriegsgesetze und -verordnungen nebst Durchführungs- und sonstigen wichtigen Ergänzungsbestimmungen. Sie wird unentbehrlich sein, denn jeder muß nicht nur die einzelnen Vorschriften genau kennen, sondern auch alles bequem zur Hand haben, um sich jeden Augenblick unterrichten zu können.

Verlag Walter de Gruyter & Co., Berlin W 35
J. Schweitzer Verlag, Berlin W 35.

Das Bürgerliche Gesetzbuch

mit besonderer Berücksichtigung der

Rechtsprechung des Reichsgerichts

Erläutert von

Dr. Bessau, Reichsgerichtsrat, **Dr. Buchwald**, Reichsgerichtsrat, **Dr. Hallamik**, Reichsgerichtsrat a. D., **Dr. Lobe**, Senatspräsident a. D., **Dr. Degg**, Senatspräsident a. D., **Dr. Schack**, Reichsgerichtsrat, **Seyffarth**, Senatspräsident a. D., Dozent Dr. habil. **Beitzke** für das österreichische Recht und das Einführungsgesetz, **Erler** für das Einführungsgesetz

Neunte, völlig umgearbeitete Auflage, 5 Bände.
In Halbleder geb. etwa **RM. 150.—**

Die Bände werden in rascher Aufeinanderfolge ausgegeben

Bd. I: **Einleitung. Allgemeiner Teil. Recht der Schuldverhältnisse** (Allgemeiner Teil). 800 S. 1939. Gebunden RM. 32.—

Bd. II: **Recht der Schuldverhältnisse II** (Einzelne Schuldverhältnisse). 884 S. 1939. Geb. RM. 36.—

Bd. III: **Sachenrecht.** VIII, 836 S. 1939. Geb. RM. 36.—

Bd. IV: **Familienrecht** erscheint Anfang 1940.

Bd. V: **Erbrecht** soll im Frühjahr 1940 vorliegen.

Senatspräsident i. R. Flad in „Deutsches Gemein- und Wirtschaftsrecht“ Nr. 6/1939:

Es ist mit aufrichtigem Dank zu begrüßen, daß ein in der Praxis so hochgeschätztes und bewährtes Werk wie das vorliegende trotz aller Gesetzgebungspläne und -aussichten in neuer Auflage erscheint, zumal es seiner Zweckrichtung und Anlage nach ganz besonders darauf angewiesen ist, die Rechtsentwicklung stets tunlichst auf dem letzten Stande darzustellen. Das Werk wird so nicht nur der praktischen Rechtsanwendung dieselben wertvollen Dienste leisten wie bisher. Wie auch das Vorwort zur neuen Auflage mit Recht hervorhebt, wird alles, was für das Recht des jetzt noch geltenden Bürgerlichen Gesetzbuchs durch Rechtswissenschaft und Rechtsprechung erarbeitet worden ist, auch für ein künftiges Gesetzgebungswerk Bausteine abgeben. So kann das Erläuterungswerk in seiner vorliegenden Gestalt auch dazu beitragen, eine Brücke vom alten zum neuen bürgerlichen Recht zu schlagen.

Verlag Walter de Gruyter & Co., Berlin W 35.

FSC
www.fsc.org
MIX
Papier | Fördert
gute Waldnutzung
FSC® C083411

Kolibri 360 GmbH
Ferdinand-Jühlke-Straße 7
99095 Erfurt, Deutschland
produktsicherheit@kolibri360.de